“十四五”国家重点出版物出版规划项目

国家出版基金项目
NATIONAL PUBLICATION FOUNDATION

生态环境损害鉴定评估系列丛书　总主编　高振会

环境损害司法鉴定出庭作证案例精析

主　编　段海燕　刘　冰
副主编　曹险峰　姚红秋　尤志春
参　编　马　骏　孔　蕊　段志远
刘少华　赵立峰　李易飞
李丹彤　张　堃　沈浩松
周佳旭　唐小娟　贾文宇
高　蒙　黎征武
主　审　关　锋

山东大学出版社
SHANDONG UNIVERSITY PRESS
·济南·

内容简介

本书借鉴了环境司法的实践经验，细致研究了十二个具有代表性的环境损害司法鉴定的出庭作证案例，并对这些案例进行了详细描述和深入分析，覆盖出庭作证程序启动、出庭准备、作证任务和法庭采信等关键环节，旨在帮助读者更好地理解和掌握与环境损害司法鉴定有关的法律知识和技术，为读者提供了一种全新且生动的学习视角。

本书可供生态环境损害科研院所研究人员参考使用，也可作为高等院校环境类相关专业本科生、研究生教材，还可作为生态环境损害司法鉴定人员资格考试培训教材。

图书在版编目(CIP)数据

环境损害司法鉴定出庭作证案例精析 / 段海燕，刘冰主编. -- 济南 ：山东大学出版社，2024. 10.
(生态环境损害鉴定评估系列丛书 / 高振会总主编).
ISBN 978-7-5607-8156-3

Ⅰ. D922.683.5

中国国家版本馆 CIP 数据核字第 20240EZ389 号

责任编辑　祝清亮
封面设计　王秋忆

环境损害司法鉴定出庭作证案例精析
HUANJING SUNHAI SIFAJIANDING CHUTINGZUOZHENG ANLIJINGXI

出版发行　山东大学出版社
社　　址　山东省济南市山大南路 20 号
邮政编码　250100
发行热线　(0531)88363008
经　　销　新华书店
印　　刷　山东华鑫天成印刷有限公司
规　　格　787 毫米×1092 毫米　1/16
　　　　　10.75 印张　229 千字
版　　次　2024 年 10 月第 1 版
印　　次　2024 年 10 月第 1 次印刷
定　　价　38.00 元

生态环境损害鉴定评估系列丛书
编委会

总 序

生态环境损害责任追究和赔偿制度是生态文明制度体系的重要组成部分，有关部门正在逐步建立和完善包括生态环境损害调查、鉴定评估、修复方案编制、修复效果评估等内容的生态环境损害鉴定评估政策体系、技术体系和标准体系。目前，国家已经出台了关于生态环境损害司法鉴定机构和司法鉴定人员的管理制度，颁布了一系列生态环境损害鉴定评估技术指南，为生态环境损害追责和赔偿制度的实施提供了快速定性和精准定量的技术指导，这也有利于促进我国生态环境损害司法鉴定评估工作的快速和高质量发展。

生态环境损害涉及污染环境、破坏生态造成大气、地表水、地下水、土壤、森林、海洋等环境要素和植物、动物、微生物等生物要素的不利改变，以及上述要素构成的生态系统功能退化。因此，生态环境损害司法鉴定评估涉及的知识结构和技术体系异常复杂，包括分析化学、地球化学、生物学、生态学、大气科学、环境毒理学、水文地质学、法律法规、健康风险以及社会经济等，呈现出典型的多学科交叉、融合特征。然而，我国生态环境司法鉴定评估体系建设总体处于起步阶段，在学科建设、知识体系构建、技术方法开发等方面尚不完善，人才队伍、研究条件相对薄弱，需要从基础理论研究、鉴定评估技术研发、高水平人才培养等方面持续发力，以满足生态环境损害司法鉴定科学、公正、高效的需求。

为适应国家生态环境损害司法鉴定评估工作对专业技术人员数量和质量的迫切需求，司法部生态环境损害司法鉴定理论研究与实践基地、山东大学生态环境损害鉴定研究院、中国环境科学学会环境损害鉴定评估专业委员会组织编写了生态环境损害鉴定评估系列丛书。本丛书共十二册，涵盖了污染物性质鉴定、地表水与沉积物环境损害鉴定、空气污染环境损害鉴定、土壤与地下水环境损害鉴定、海洋环境损害鉴定、生态系统环境损害鉴定、其他环境损害鉴定及相关法律法规等，内容丰富，知识系统全面，理论与实践相结合，可供环境法医学、环境科学与工程、生态学、法学等相关专业研究人员及学生使用，也可作为环境损害司法鉴定人、环境损害司法鉴定管理者、环境资源政府主管部门相关人员、公检法工作人员、律师、保险从业人员等人员继续教育的培训教材。

鉴于编者水平有限，书中难免有不当之处，敬请批评指正。

2023 年 12 月

前　言

我国司法鉴定体制的改革，发端于 1993 年财政部给中央政法委的一份建议报告。之后在 1998 年国务院机构改革中，司法部被赋予指导面向社会服务的司法鉴定工作的职能。[①] 2003 年，《中华人民共和国行政许可法》颁布[②]；次年 6 月 29 日，国务院公布《国务院对确需保留的行政审批项目设定行政许可的决定》（中华人民共和国国务院令第 412 号），确定将“面向社会服务的司法鉴定人执业核准”“设立面向社会服务的司法鉴定机构审批”纳入司法部、省级人民政府司法行政主管部门许可事项。2005 年 2 月 28 日，第十届全国人大常委会第十四次会议通过了《全国人民代表大会常务委员会关于司法鉴定管理问题的决定》，从 2005 年 10 月 1 日起对从事法医类、物证类、声像资料这三类司法鉴定业务的鉴定人和鉴定机构实行登记管理制度。

为满足环境损害诉讼需要，加强环境发展、环境保护和环境修复工作，推进生态文明建设，2015 年 12 月 21 日，《司法部、环境保护部关于规范环境损害司法鉴定管理工作的通知》（司发通〔2015〕118 号），就鉴定机构设置发展规划、鉴定事项、审核登记与监督管理等做出规定。同日，最高人民法院、最高人民检察院、司法部发布《关于将环境损害司法鉴定纳入统一登记管理范围的通知》（司发通〔2015〕117 号），将环境损害司法鉴定纳入司法行政统一登记管理范围。

自 2014 年 6 月最高人民法院设立环境资源审判庭以来，我国特色的环境

---

① 霍宪丹：《论司法鉴定体制改革的实践与探索》，《中国司法鉴定》2007 年第 1 期。

② 该法于 2003 年 8 月 27 日通过，2004 年 7 月 1 日起施行，2019 年 4 月 23 日修正。

司法专门化体系基本成熟。截至2022年12月，全国31个省、自治区、直辖市共有环境资源审判专门机构（组织）2 426个。[①]“专业化法律监督＋恢复性司法实践＋社会化综合治理”的生态检察模式，使检察职能在生态环境保护中也得以充分发挥。同时，环境司法案例制度建设持续推进。近年来，“两高”发布公益诉讼指导案例及自然资源保护、流域司法保护、生物多样性与湿地保护典型案例工作已成为常态，这都为我国的环境资源审判实务提供了指导，也向世界贡献了中国在环境资源保护司法实践领域的智慧与经验；特别是人民法院不再依照传统刑事、民事和行政三大审判领域对环境资源案件进行统计，而将新型环境资源案件类型作为环境资源案件的统计依据，这也凸显了环境资源案件审判的中国特色。

《司法鉴定程序通则》第四十三条规定，经人民法院依法通知，司法鉴定人应当出庭作证，回答与鉴定事项有关的问题。但从研究数据上看，相较于其他的司法鉴定活动的出庭作证案件数量，目前我国司法实务中环境损害司法鉴定人（包含有专门性知识的人）出庭作证的案件数量还是很少的。2021年，最高人民法院印发《环境资源案件类型与统计规范（试行）》，按照主导价值归类，以实现类型划分为基础，将环境资源案件划分为环境污染防治、生态保护、资源开发利用、气候变化应对、生态环境治理与服务等五大类型。囿于研究数据的获取，本书主要集中于环境污染防治类案件（即向大气、水、土壤和海洋等环境介质排放有毒有害物质、其他物质及能量，损害环境介质及其生态系统服务功能，以及导致个人或公众的人身健康、财产受损而产生的刑事、民事、行政以及公益案件）中有关司法鉴定人出庭作证的司法实务活动。

本书以实用性为研究导向，以司法实务为基础，通过对环境资源类司法案件的法律大数据进行深入挖掘，获取并分析环境损害司法鉴定的实务案例。鉴于我国裁判文书对出庭作证的描述并不要求必须完整，故本书力图从众多

---

① 最高人民法院环境资源司法研究中心、“中国环境司法发展研究”课题组：《中国环境司法发展报告（2022）》，2023年6月5日，https://img.chinacourt.org/mup/uploadfile/2023/06/05/20/9df309be1cfc09e971baa9a85ac2a588.pdf。

案例中筛选出能够展现出庭作证要点的法院判决作为研究对象。

本书遵循“从无到有”的研究原则，力图向读者展示环境法律规制的动态特征。期望能为读者理解此类司法鉴定以及出庭作证活动提供深刻的启示，帮助读者更直观地领略司法鉴定如何融入法律领域，哪种法庭程序对司法鉴定意见的陈述产生影响，以及这种影响的具体表现。同时，还着重阐述了鉴定人出庭作证所需的各种准备工作，包括心理准备、法律准备等。

此外，本书附录《环境损害司法鉴定指导案例》《环境损害司法鉴定中国法律服务网案例》《出庭作证相关规定》作为辅助阅读资料可供读者参考。

在本书的编写过程中，得到了山东大学生态环境损害鉴定研究院、吉林大学法学院、北京盈科律师事务所有关领导和专家的帮助，在此表示感谢。由于时间关系，加之作者的理论水平有限，书中难免存在不足之处，恳请广大读者批评指正。

编 者

2023 年 10 月

目　录

导言　司法审判实务视野下的环境损害司法鉴定人出庭作证

近年来，中国的环境问题引起了广泛的关注。环境法在保护环境方面发挥着重要的作用。然而，“环境法从来都不是静态的，这是一个运动着的游戏”①。司法鉴定是运用最佳方法解决关于法律专门性问题的多样化、动态化的学科。随着技术、研究和方法的不断进步及新案例应用的涌现，司法鉴定学科也在不断地发展。在环境问题日益突出的背景下，中国的环境损害司法鉴定也在不断地发展。中国的环境损害司法鉴定起步较晚，但是在过去几年中，已经得到了迅速的发展。各级人民法院、鉴定机构和专家学者们在环境损害司法鉴定方面取得了很多成果。他们不断探索、总结经验，不断完善理论体系和技术方法，为环境损害司法鉴定提供了更加科学、更加精准的方法。

第一，中国环境损害司法鉴定的发展是建立在科技进步和相关研究成果基础之上的。近年来，中国政府对于科技研发投入的加大，推动了许多环保技术和理论的进步。例如，遥感技术、GIS 空间分析技术、环境 DNA 技术等，都为环境损害鉴定提供了更为精准、快速的手段。同时，新的研究成果和理论也为法律决策和司法鉴定提供了重要参考。

第二，环境损害司法鉴定的发展有赖于法律制度的健全与完善。中国政府一直高度重视环境保护问题，并不断完善相关法律制度，为环境损害司法鉴定提供了较为完备的法律支持，也为环境损害的界定、定性和定量分析等环节提供了法律保障。

值得关注的是，中国的环境损害司法鉴定工作已逐渐向着专业化、科学化的方向发展。这一发展趋势得益于诸多鉴定机构和专家学者的不断探索与努力。他们通过实际操作积累了丰富的经验，并在此基础上形成了一套科学、完善的鉴定方法和流程，以提升环境损害司法鉴定的准确性和公正性。

但是，中国环境损害司法鉴定的发展仍然面临着一些挑战。例如，如何克服技术手段的局限，如何加强跨学科、跨领域的交叉合作，如何建立更加完善的法律制度和标准体系等。

---

① [美]理查德·拉撒路斯、奥利弗·哈克：《环境法故事》，曹明德等译，中国人民大学出版社 2013 年版，第 3 页。

总的来说，中国的环境损害司法鉴定在过去几年中已经取得了显著的发展。随着中国科技的进步和法律体系的完善，中国环境损害司法鉴定将会走向更加专业化、科学化的道路，为保护环境、维护公众利益发挥更大的作用。正如乌本拉克(D. H. Ubelaker)所言："虽然司法鉴定的问题大多与资金有关，但追求的共同目标是实现司法鉴定的最高质量。"①

司法鉴定人出庭作证，无疑是衡量鉴定质量的核心要素之一。鉴定人出庭的质量和效果，对司法公正和司法权威具有重要影响。在法庭审判过程中，鉴定人需要针对特定的专业问题进行科学、客观的陈述和解释，同时接受法官、检察官、律师以及当事人的询问和质询，使法庭能够对鉴定意见进行准确的审查和判断。可以说，司法鉴定人出庭作证的频率和质量，可以直接反映鉴定机构的综合素质和能力，能够体现鉴定机构的管理机制和质量控制体系的完善程度。

同时，司法鉴定人的出庭作证活动，也可以弥补非专业人员对鉴定过程及结论"读不懂"的尴尬，提高鉴定意见的采信度。换言之，司法鉴定人出庭作证活动的有效性，是鉴定质量的重要衡量标准之一，也是保障司法公正和司法权威的关键措施。从目前与环境损害司法鉴定相关的法律制度建设趋势看，各地的司法机关的着力点，大多放在如何加强对鉴定机构的管理和监督、提升鉴定人的综合素质和能力上，目标是确保司法鉴定人出庭作证的质量和效果，进而为法庭提供更加科学、客观的鉴定意见。

"法庭是冲突再现的场域"，"证据合法性的争夺是一个动态的过程"②，证据规则中举证责任分配的意义，不言而喻。虽然有学者认为，除实现程序正义与庭审实质化外，鉴定人出庭，可以回答当事人异议，解释鉴定方面的分歧，实现阐释功能，可以帮助法官强化心证，判断有无重新鉴定之必要，同时也有提高鉴定人鉴识水平、责任意识的作用。③ 但不可否认的是，目前多数鉴定人对相关法律规定不能从证据规则和鉴定意见、证据属性角度，去理解出庭作证的必要性和基本要求。

本书精选了十二个案例，涵盖出庭作证程序启动、出庭准备、作证任务、法庭采信等各个环节以及相关的法律问题，并在每个精析案例后增加相关案例，作为补充阅读资料。我们希望通过对这些案例的深入解读，提炼出出庭作证程序的关键要点。比如，在启动出庭作证程序之前，鉴定人需要了解的是当事人如何申请、法院如何决定以及证人如何确认其意愿。在准备出庭作证时，鉴定人需要了解交叉询问等重要环节。在出庭作证时，鉴定人需要对自己的权利与义务充分掌握，基于鉴定意见，精准地作出合理解释或说明。同时，鉴定人也需要掌握一定的法律知识，了解相关案件中法庭审理的逻辑以及对证据效力进行审查的重点。

---

① [美]道格拉斯·H.乌本拉克:《全球司法鉴定实践》，何晓丹、李成涛主译，科学出版社 2019 年版，序言。
② 司开玲:《知识与权力:农民环境抗争的人类学研究》，南京大学博士学位论文，2011 年，第 93 页。
③ 陈如超:《鉴定纠纷及其解决机制——基于民事司法鉴定的实践逻辑》，《证据科学》2017 年第 2 期。

第 1 章　程序启动

1.1　测量人员经人民法院同意可出庭作证

对于非法占用农用地面积这一关键问题，可由专业机构出具测量技术报告，必要时可申请测量人员出庭作证。

1.1.1　基本案情①

2014 年 4 月 29 日，北京某专业合作社与北京市延庆区某村民委员会签订了两份土地租用合同，由该合作社租用该村共计 377 亩土地使用权，租期自 2014 年 5 月 1 日至 2027 年 4 月 30 日。2016 年 3 月，被告人刘某强经张某、贾某等人介绍，以人民币 1 000 万元的价格与合作社法定代表人池某商定，受让该合作社承租的该村东北蔬菜大棚的土地使用权，后被告人刘某强先后给付池某定金人民币 100 万元。同年 4 月 15 日，被告人刘某强指使刘某与池某签订转让意向书，主要内容为：北京某专业合作社将其与村委会签订的租地协议转让给刘某；转让范围为原合同内容及基地内地上物，并约定转让费 1 000 万元；2016 年 12 月 31 日前刘某将转让费交齐，双方签订正式转让协议等。同年 10 月 21 日，合作社的法定代表人由池某变更为刘某。此间，被告人刘某强未经国土资源行政主管部门批准，以该合作社的名义组织人员对蔬菜大棚园区土地进行非农建设改造，并将园区命名为延庆紫薇庄园。截至 2016 年 9 月 28 日，先后在园区内建设鱼池、假山、暖房、规划外道路等设施，并将原有蔬菜大棚改建成"大棚房"（在大棚内建房）对外出租。经河北卓尔地理信息技术股份有限公司测量：该项目（上述非农业建设改造项目）占地面积153 702.55 平方米（230.55 亩，1 亩＝666.67 平方米），涉嫌非法占用现状耕地面积19 164.79平方米（28.75 亩），占用基本农田 15 228.69 平方米（22.84 亩）。后经北京市国土资源局延庆分局组织鉴定组对上述非法占用耕地破坏程度进行鉴定，该项目占用耕

① 《最高人民检察院发布第十六批指导性案例》，2020 年 3 月 5 日，https://www.spp.gov.cn/spp/xwfbh/wsfbh/202003/t20200305_455804.shtml。

地19 164.79平方米(合 28.75 亩),其中占用基本农田 15 228.69 平方米(合 22.84 亩),造成农用地被毁坏。

2016 年 9 月 28 日后,被告人刘某强未经国土资源行政主管部门批准,以该合作社的名义组织人员在园区内又新建两条道路,经河北卓尔地理信息技术股份有限公司测量,该两条道路非法占用基本农田 2 053.83 平方米(合 3.08 亩),占用林业用地 24.34 平方米(合 0.037 亩)。

自 2016 年 6 月 22 日至 2017 年 4 月 21 日,延庆区延庆镇人民政府曾先后多次对该项目下达《责令停止建设通知书》《限期拆除决定书》;北京市规划和国土资源管理委员会(北京市国土资源局)于 2016 年 12 月 22 日对刘某下达了京规划国土(延)土罚字〔2016〕第 1013 号《行政处罚决定书》,均未得到执行。

2017 年 5 月,延庆区延庆镇人民政府联合有关部门将上述违法建设强制拆除,拆除后的土地已恢复耕种条件。2017 年 5 月 10 日,北京市国土资源局延庆分局将该案移送北京市公安局延庆分局处理,发现被告人刘某强具有作案嫌疑,故于 2017 年 6 月 9 日对被告人刘某强上网抓逃。被告人刘某强得知后,于 2017 年 8 月 3 日主动到公安机关称自己与该村蔬菜大棚一事没有任何关系。当日,被告人刘某强被刑事拘留,后被逮捕,但始终未承认自己的犯罪事实。公诉机关认为被告人刘某强的行为触犯了《中华人民共和国刑法》第三百四十二条的规定,构成非法占用农用地罪。庭审中,被告人刘某强承认公诉机关指控的犯罪事实,并自愿认罪。

法院认为,被告人刘某强违反土地管理法规,非法占用耕地进行非农建设改造,改变被占土地用途,数量较大,造成农用地大量毁坏,其行为已构成非法占用农用地罪,应予刑罚处罚。判决被告人刘某强犯非法占用农用地罪,判处有期徒刑一年六个月,并处罚金人民币五万元(刑期从判决执行之日起计算。判决执行以前先行羁押的,羁押一日折抵刑期一日,即自 2017 年 8 月 3 日起,至 2019 年 2 月 2 日止。罚金限自判决生效后十日内缴纳)。

1.1.2 出庭作证

本案中,为确认非法占用农用地面积,北京市国土资源局延庆分局组织测绘鉴定,该项目占用耕地 19 164.79 平方米(合 28.75 亩),其中占用基本农田 15 228.69 平方米(合 22.84 亩),造成耕地的种植条件破坏,难以恢复。

辩护律师对《非法占用耕地破坏程度鉴定意见》提出辩护意见,认为其中对项目占地描述非常模糊,未能具体说明房屋等建筑物以及硬化道路的具体位置,只是用数字证明破坏土地,起诉书中指控的假山、鱼池等设施,仅在测量报告中有描述且描述模糊,该鉴定意见不能作为定罪依据。

针对辩护律师对测量技术报告数据的质疑,承办检察官专门听取了参与测量人员的意见,准确掌握所占耕地面积。

法庭调查阶段,公诉机关提供现场勘测笔录、《测量技术报告书》、《非法占用耕地破坏程度鉴定意见》、现场照片78张等证据,证明紫薇庄园园区内存在非法占地行为,改变被占用土地用途且数量较大,造成耕地大量毁坏。

测量技术报告对案发时合作社建设情况作了详细的记录和专业说明,现场勘验笔录和现场照片均证实了蔬菜大棚改造的实际情况,另有相关证人证言也能证实假山、鱼池存在。

1.1.3 意见采信

法院最终采纳了公诉机关提供的证据。

1.1.4 法律解析

关于鉴定意见与专家意见,在法律上的意义是不同的。

"鉴定意见和专家辅助人制度分别属于大陆法系和英美法系为解决专门性问题所作的制度设计。"①最高人民法院指出,鉴定意见理论上属于专家证据。

大陆法系和英美法系国家和地区基于法律传统差异,在对待专家证据上采取了不同的方式:前者与我国类似,专家证人是法官的"科学辅助人",由法庭委托,要求鉴定人对双方当事人保持中立的立场。后者中的专家证人与普通证人无异,双方当事人各自均可聘请专家证人,就专门性问题进行陈述、质辩,并可对专家证人进行交叉询问。

有学者认为,由于环境损害司法鉴定制度的建立、完善需要一个过程,加之环境资源纠纷涉及的环境要素极广,不排除今后仍会遇到某些环境损害缺乏相应鉴定机构的问题。因此,除可以委托具备相关资格的司法鉴定机构出具鉴定意见外,还要注意充分发挥技术专家的作用。譬如,《最高人民法院关于审理环境民事公益诉讼案件适用法律若干问题的解释》(2020年修正)第二十三条规定:"生态环境修复费用难以确定或者确定具体数额所需鉴定费用明显过高的,人民法院可以结合污染环境、破坏生态的范围和程度,生态环境的稀缺性,生态环境恢复的难易程度,防治污染设备的运行成本,被告因侵害行为所获得的利益以及过错程度等因素,并可以参考负有环境资源保护监督管理职责的部门的意见、专家意见等,予以合理确定。"

另外,贵阳、昆明、无锡等多地法院,在审判实践中探索不经过评估鉴定,直接参考专家辅助人意见并结合相关因素酌定生态环境修复费用或修复方式的途径。《贵州省生态环境损害赔偿制度改革试点工作实施方案》提出,对于生态损害较小,责任认定无争议,损害损失金额在50万元以下的案件,可采用专家证人出具专家意见的简易评估认定程

---

① 王松等主编:《新编版最高人民法院司法观点集成·民商事卷增补(2018)》,中国民主法制出版社2018年版,第641页。

序。这一做法有效降低了环境资源案件的诉讼成本负担，受到当事人的欢迎。[①]

《最高人民法院关于全面加强环境资源审判工作 为推进生态文明建设提供有力司法保障的意见》也对发挥专家在环境资源审判工作中的作用作出了规定："20.充分发挥专家在环境资源审判工作中的作用。建立环境资源审判专家库，在审理重大疑难案件、研讨疑难专业问题、制定规范性文件时，充分听取专家意见。可以聘请环境资源领域的专家担任特邀调解员，运用专业技术知识促使当事人自觉认识错误，修复环境，赔偿损失。保障当事人要求专家出庭发表意见的权利，对于符合条件的申请及时通知专家出庭就鉴定意见和专业问题提出意见。"

1.1.5 鉴定相关

在天津农业生态环境及农产品质量安全司法鉴定中心报送司法部某村耕地破坏司法鉴定案中，对农田生态系统损害，主要通过土壤的关键理化指标来判定土壤是否符合农业生产基本条件，选取土壤 pH 和土壤含盐量两个关键性指标作为检测指标。鉴定技术方法上综合运用农学、土壤学、地球物理学对耕地破坏程度鉴定。但四川省在提报材料中指出，土地复垦相关法律法规及技术标准规范目前仍缺乏建筑垃圾有害物质调查及评估、坡体安全隐患分析及防范工程措施、耕地环境质量评价及耕地地力评价、现场国防光缆保护措施等内容。

关于环境损害情况的确认方法，在上海某非法占用农用地案中，应用卫星遥感技术，还原了涉案地块土地的演变过程，对事实的认定提供了直观的证据。结合涉案地块土地利用现状图、土地演化遥感影像图及现场勘验，将涉案地块按照涉案地块布局现状划分为 8 个区域。通过对各区块土壤剖面调查分析以及面积整合来确定了涉案地块生态环境损害情况。

关于价值计算方法，在云南省某集团股份有限公司茶园价值评估鉴定案中，鉴定人采用收益法对待鉴茶园的价值进行评估，通过待鉴茶园林地及茶树资产未来预期收益的现值，评估出待鉴茶园林地及茶树资产的价值。

1.1.6 补充阅读

(1)案例 1：山西省环境污染损害司法鉴定中心对王某宅基地石油泄漏事件土壤环境污染损害司法鉴定案[②]

---

① 江必新：《在环境损害司法鉴定研究基地成立暨环境损害司法鉴定理论与实务研讨会上的讲话》(2016 年 11 月 12 日)，最高人民法院环境资源审判庭编：《环境资源审判指导 2017 年第 1 辑(总第 4 辑)》，人民法院出版社 2018 年版，第 38～39 页。

② 《山西省环境污染损害司法鉴定中心对王某宅基地石油泄漏事件土壤环境污染损害司法鉴定案》，https://alk.12348.gov.cn/detail? dbid=56&dbname=sjyw&sysid=174。

关键词:出庭作证　土壤污染

2014 年 12 月 1 日,某油气集输总厂(以下简称“油气厂”)经营的原油管线发生泄漏,漏油从王某宅基地西北角房屋的地下渗出,污染了宅基地。王某与油气厂反复协商赔偿未果。

2016 年 6 月,王某就漏油污染土壤损失赔偿纠纷将油气厂告上法庭。法院委托山西省环境污染损害司法鉴定中心对土壤环境污染损害及修复费用进行司法鉴定。

鉴定中心指派两名司法鉴定人承办。2016 年 7 月 3 日,在法官和双方当事人见证下,鉴定人进行现场勘察并提取检材。

王某宅基地面积约为 760 平方米,土质类型为砂壤土。黑色油状物从宅基地北侧房屋西北角地下渗出,屋内地面下方深 1 米处土层内有一直埋敷设的直径 325 毫米的钢制管道,管壁有腐蚀性破损,可见黑色油状物漏出。

鉴定人在整个宅基地上选取取样点 22 个,共采集土壤表层 0～20 厘米深和深层 30～150 厘米的样品 53 个。以总石油烃作为检测指标,检测结果表明:王某宅基地的表层和深层土壤均检出总石油烃,含量最高达 7.65×103 毫克/千克,漏油污染的土壤深度超过 120 厘米。

在王某宅基地外西侧和南侧方向 30 米处各选定一个土壤背景对照点,分别采集了表层土和深层土,经检测,对照点土壤均未检出总石油烃。

据此,鉴定人认为,王某宅基地受石油泄漏污染的土壤属于《国家危险废物名录》(2016 年版)中规定的危险废物,是“由危险化学品、危险废物造成的突发环境事件及其处理过程中产生的废物”,污染土壤体积为 589.17 立方米。选择采用“清挖＋污染物处置＋污染阻隔＋新土回填”的修复方式,估算土壤环境修复费用为1 961 789.27 元。

油气厂不同意鉴定意见,经法院同意他们更换了一名具有工科背景的律师出庭质证。庭上鉴定人讲清了取材情况、鉴定依据、过程和结果分析。律师认为,总石油烃尚未列入我国现行的《土壤环境质量标准》(GB 15618—1995),也没有标准的检测方法,因此该鉴定的方法和结论不可信。

鉴定人在出庭质证时认为,总石油烃虽暂未列入我国现行的《土壤环境质量标准》(GB 15618—1995),但为了解决问题,鉴定中心参考了《展览会用地土壤环境质量评价标准(暂行)》(HJ 350—2007)附录 E 的方法,采用气相色谱法的毛细管柱技术分离土壤样品中的总石油烃,效果很好,检测结果真实可信,证实土壤被石油泄漏污染。

法院采信了鉴定人的意见。

(2)案例 2:重庆市明镜司法鉴定所对某单位违反土地利用规划、开展项目施工破坏

耕地进行环境损害鉴定案①

关键词:耕地破坏　基线确认

2018 年,某公司未经批准,擅自在某区某项目超出用地审批红线修建彩钢棚、钢筋加工房、护坡及其他设施。经现场勘测,实际占地 18 523.78 平方米,其中耕地 7 212.99 平方米。不符合某区某街道土地利用总体规划。

某市某区规划和自然资源局提供的该公司推土及护坡现场土地测绘报告书和某区某街道土地利用总体规划(2006—2020 年)套合图(局部)显示,涉案红线土地面积共计 18 523.78 平方米(约 27.785 7 亩);该项目推土及护坡套合 2017 年度土地利用现状图(局部)显示,涉案土地中有耕地面积 7 212.99 平方米(约 10.819 5 亩)、非耕地面积 11 310.79 平方米(约 16.966 2 亩);该项目推土及护坡红线范围永久基本农田套合图显示,涉案土地中不含基本农田。

2021 年 1 月 12 日,重庆市明镜司法鉴定所技术负责人及鉴定助理,与某市某区规划和自然资源局人员一同对该公司非法占用土地案进行了现场踏勘,勘察了占地现状及周边未受影响区域现状,拍摄了现场影像资料。同时,收集了案件纸质资料。经调查,非法占地堆土及护坡造成当地自然景观显著改变,植被覆盖度显著降低。护坡占用的全部为耕地,植被和农田被完全破坏,土层被移走,地形发生变化。该公司还对坡面进行了不同程度的地面硬化。

鉴定分析说明情况:第一,关于基线确认问题。根据《生态环境损害鉴定评估技术指南　总纲》,利用未受污染环境或破坏生态行为影响的相似现场数据确定基线,即"对照区域"数据。通过现场对比分析,在涉案区域的周边选择了未破坏区农田作为本案生态环境损害程度评价的对照基线。可见对照区域内农田当年正常种植了各类蔬菜作物,长势良好。从图中可见:对照区域中农田土地平整,田埂自然整齐,无水土流失现象,土壤中没有任何砾石存在,田间无杂草,土质良好,农田生态环境健康,其生态服务功能正常。

第二,关于损害确认条件问题。根据现场调查和现场分析的情况,必要时应结合实验室检测结果等,对需鉴定的耕地和林地的种植条件进行综合评价,并根据《耕地和林地破坏司法鉴定技术规范》(SF/T 0074—2020)判断其是否遭严重毁坏:(1)在耕地或林地上建窑、建坟、建房、修路、压占、硬化或建设其他建筑物及构筑物的,可判断土地种植条件遭严重毁坏。(2)在耕地或林地上挖砂、采石、采矿、取土和开挖地基等的,致使土地原有耕作层或表土全部被破坏,可判断土地种植条件遭严重毁坏。(3)耕地的基础灌溉设施被破坏,导致耕地原有种植条件严重毁坏的,可判断耕地种植条件遭严重毁坏。(4)破坏林地原有植被的,导致林地种植条件遭严重毁坏,可判断林地被破坏。(5)在耕地或林

① 《重庆市明镜司法鉴定所对某单位违反土地利用规划、开展项目施工破坏耕地进行环境损害鉴定案》,https://alk.12348.gov.cn/Detail? dbID=56&sysID=25857。

地上堆放建筑垃圾、医疗废物和工业污秽等固体废弃物，排放有害废水、污水及粉(烟)尘及其他污染物的，污染物含量高于风险管制值的，可判断土地种植条件遭严重毁坏；污染物含量介于筛选值和管制值之间的需要进行风险评价，根据风险评价结果判断土地种植条件是否遭严重毁坏。

第三，关于损害确认过程和因果关系分析问题。一是非法占地事实的确认。根据某市某区规划和自然资源局提供的询问笔录和现场勘察证据，对涉案区域被破坏土地和周边未破坏区域土地生态环境基线进行对比分析。结果显示：该公司推土及护坡的事实成立，并与涉案区域生态环境损害之间存在直接因果关系，超出用地审批红线占用土地并造成生态环境严重破坏。涉案区域的植被覆盖度、生物多样性和物种丰富度显著降低，物种群落结构和景观格局发生了显著改变，地面土层翻动和移除，坡面硬化，原有种植条件丧失。二是关于占地类型和数量的确认。涉案现场推土及护坡场地土地使用情况如表1所示。该公司推土及护坡占用耕地10.819 5亩>10亩，非法占用基本农田以外的耕地10亩以上，非法占用耕地"数量较大"。三是关于占用耕地的生态环境损害确认。根据《耕地和林地破坏司法鉴定技术规范》(SF/T 0074—2020)判断，本涉案区域耕地上推土和护坡，导致原土层结构被移走和破坏，护坡区域土壤被移走后还进行了不同程度的硬化。土地原有耕作层或表土全部被破坏，耕地原有种植条件严重毁坏。因此，可判断涉案区域生态环境损害程度严重。

表1　涉案现场推土及护坡场地土地使用情况

涉案面积	占地类型及面积		红线面积
18 523.78平方米(约27.785 7亩)	耕地面积：7 212.99平方米(约10.819 5亩)	非耕地面积：11 310.79平方米(约16.966 2亩)	18 523.78平方米(约27.785 7亩)

经鉴定，该公司推土及护坡超规划红线非法占用耕地10.819 5亩(7 212.99平方米)>10亩，非法占用基本农田以外的耕地10亩以上，非法占用耕地"数量较大"。该推土和护坡的行为与涉案区域生态环境损害之间存在直接因果关系，涉案区域耕地上存在土层移走和地面硬化现象，土地原有耕作层或表土全部被破坏，耕地原有种植条件严重毁坏。

(3)案例3：福建华麒检测技术有限公司司法鉴定所对寿宁县某村基本农田被非法占用进行环境损害鉴定案①

关键词：非法占用基本农田

委托单位为了查明寿宁县某镇某村基本农田被牛蛙养殖场非法占用造成损害的情

① 《福建华麒检测技术有限公司司法鉴定所对寿宁县某村基本农田被非法占用进行环境损害鉴定案》，https://alk.12348.gov.cn/Detail? dbID=56&sysID=25733。

况,特委托福建华麒检测技术有限公司司法鉴定所对该村基本农田被非法占用面积、耕作层破坏情况进行司法鉴定。

2022 年 6 月 15 日,在委托方的陪同下,两位司法鉴定人员深入该村对牛蛙养殖场占用农田现场进行勘察、拍照取证、GPS 定位测量和无人机航拍,并在池塘干涸的地块中进行了随机取土采样,以测定土壤容重、有机质等。在此基础上,根据有关法律法规和技术标准及规程等,编写、出具司法鉴定意见。

第一,就牛蛙养殖场占用农田的位置、面积和土地性质情况进行鉴定。依据该村土地利用现状数据、基本农田面积数据,通过与在牛蛙养殖场(池塘及其附属设施)占用农田现场采用 GPS 定位测量和无人机航拍等所得数据进行比对、勾绘,确定鉴定对象牛蛙养殖池塘及其附属设施占用农田的具体位置和土地性质,并计算出牛蛙养殖池塘及其附属设施占用农田的面积情况。

第二,就牛蛙养殖场占用并破坏农田情况进行鉴定。依据《最高人民法院关于审理破坏土地资源刑事案件具体应用法律若干问题的解释》(法释〔2000〕14 号)、《耕地和林地破坏司法鉴定技术规范》(SF/T 0074—2020)、《土地复垦质量控制标准》(TD/T 1036—2013)和《耕作层土壤剥离利用技术规范》(TD/T 1048—2016)等,根据现场勘察情况并结合实验室检测结果,判断确定牛蛙养殖场毁坏农田的程度情况。

一是对牛蛙养殖场占用农田的位置、面积和土地性质情况进行分析。依据该村土地利用现状数据、基本农田面积数据,通过与现场采用 GPS 定位测量和无人机航拍等所得数据进行比对、勾绘,确定鉴定对象牛蛙养殖场占用农田的位置坐落在该村界内。经计算,养殖牛蛙池塘及其附属设施占用农田的面积为 4 495.96 平方米,折算面积为 6.74 亩。其土地性质为基本农田。

二是对牛蛙养殖场占用并破坏农田情况进行分析。经现场勘察,该牛蛙养殖场是由数十个牛蛙养殖池及其附属设施组成。每个池都是利用原有每丘农田改造而成的,池壁用塑料薄膜围贴,池深为 100～120 厘米,池底污泥 15～20 厘米并在污泥上铺上蛙垫,池里水深为 50～60 厘米,池堤面宽为 40～60 厘米,即把原有每丘农田耕作层的部分土壤挖掘堆培在田埂上使之成为池堤(用耕作土把原来的田埂加高加宽成池堤),并用若干竹竿和黑色塑料网等搭建成池的凉棚。蛙池建设致使农田原有耕作层部分被破坏,且未造成原有农田耕作层的土壤大量流失,其耕地的基础灌溉设施也未被破坏。依据《最高人民法院关于审理破坏土地资源刑事案件具体应用法律若干问题的解释》(法释〔2000〕14 号)、《耕地和林地破坏司法鉴定技术规范》(SF/T 0074—2020)和《耕作层土壤剥离利用技术规范》(TD/T 1048—2016)等相关规定,虽然牛蛙养殖池塘及其附属设施建设导致农田原有耕作层被破坏,但未造成原有耕作层的土壤大量流失和原有耕作层全部被破坏,其耕地的基础灌溉设施也未被破坏,且复垦成水田也比较容易。同时,现场取土采样检测结果显示,土壤容重平均值为 1.37 克/立方厘米、有机质平均值为 4.91%,符合《土地复垦质量控制标准》(TD/T 1036—2013)有关水田标准。

综上所述,判断牛蛙养殖池塘及其附属设施占用原有农田建设,致使农田原有耕作层部分被破坏,农田的种植条件未遭严重毁坏。

(4)案例 4:黑龙江省地林林业勘察设计有限公司司法鉴定所对某工厂违法使用林地行为进行环境损害鉴定案①

关键词:林地破坏

据委托书记载,2021 年 7 月,未经林业主管部门审批,李某指使工人在与卡伦山林场交界处的某林场施业区内擅自开工,搭建板房,致使林地受到破坏。

根据某县某林场的委托鉴定要求,按照《司法鉴定程序通则》相关规定,司法鉴定人员深入实地对相关情况进行了专项调查并收集、审核相关资料。在委托人的指认下,依据司法部 2020 年 5 月 29 日发布的司法行政行业标准《耕地和林地破坏司法鉴定技术规范》(SF/T 0074—2020)、黑龙江省地方标准《森林资源规划设计调查技术规程》(DB23/T 1250—2008)等相关技术规范,司法鉴定人员对指认地块进行了详细的勘验、调查、取证:用 GIS 对地块位置进行了定点;利用 Mapsource 软件、ArcGIS 软件、谷歌卫星地图系统及提取的地块位置时相卫片,依据林相位置图、小班调查卡片及卫片影像变化情况,对鉴定地块进行了地类及位置、面积确认。在对鉴定现场进行勘验、调查过程中,某林场工作人员及某路桥股份有限公司黑河分公司代表在场进行了见证,并对取得的现场调查、取证材料逐项进行了签字确认。

第一,关于现场情况的确认。根据委托人的指认,确定鉴定现场位于某林场施业区某林班某小班地块。道路西侧为搭建的板房及铺垫的场地,道路东侧为施工搅拌站。鉴定现场中心位置 2000 国家大地坐标点:0380375,5506690;中央经线 129°E。

第二,关于原地类的认定。根据林权证、林相位置图、小班调查卡片等,确定地类为灌木林,林地、林木权属国有,林种为水源涵养林,起源为人工。

第三,关于涉嫌占用林地面积及对原有植被毁坏程度认定。一是经对现地块测量,认定占用林地范围面积为 1 067 平方米(折合 1.6 亩)。二是利用卫片影像,判读该地块的变化情况:2019 年 9 月 24 日卫片影像地块为林地影像;2021 年 9 月 19 日卫片影像红线区域已经为场地及板房影像。三是对植被毁坏程度进行认定。根据卫片影像变化情况,2019—2021 年,林地已被破坏并占用修建了板房及场地,原有植被已经灭失,人为占用林地修建板房致使该地块原有林地植被灭失,对林地原有植被造成严重毁坏。

综上所述,通过相关材料的综合分析研判,确认某工厂于 2019 年 9 月 24 日至 2021 年 9 月 19 日在某县某林场施业区某林班某小班地块占用林地铺垫场地修建板房,面积

① 《黑龙江省地林林业勘察设计有限公司司法鉴定所对某工厂违法使用林地行为进行环境损害鉴定案》,https://alk.12348.gov.cn/Detail? dbID=56&sysID=26619。

为1.6亩；占用的林地的性质为防护林林地；人为占用林地铺垫场地修建板房致使该地块原有林地植被灭失，对林地原有植被造成严重毁坏。

1.2 当事人对鉴定书内容有异议并不当然启动鉴定人出庭程序

1.2.1 基本案情[①]

2019年7月10日，被告人马某在未办理林木采伐许可证，并在被告人孙某的帮助下擅自将被告人马某购买的河北省围场满族蒙古族自治县居民道边树木进行采伐。

经承德保态林业司法鉴定中心鉴定，被采伐林木树种有杨树、榆树，总株数96株（其中杨树89株、榆树7株），总蓄积为67.570 8立方米。被告人马某得赃款人民币30 300元。案发后，被告人孙某积极申请生态修复补植，并向公证处预交了补植复绿费用。

一审法院经审理后认为，被告人马某、孙某违反森林法的规定，滥伐林木，数量巨大，其行为已构成滥伐林木罪。公诉机关对二被告人犯滥伐林木罪的指控事实清楚，证据确实、充分，指控罪名成立，依法应当以滥伐林木罪追究二被告人的刑事责任。被告人马某的违法所得，依法应予追缴。二被告人共同实施滥伐林木行为，系共同犯罪。判决被告人马某犯滥伐林木罪，判处有期徒刑三年二个月，并处罚金人民币40 000元（所处罚金限本判决生效后三十日内缴纳）。被告人孙某犯滥伐林木罪，判处有期徒刑二年，缓刑三年，并处罚金人民币10 000元（已缴纳）（缓刑考验期限，从判决确定之日起计算）。被告人马某的违法所得人民币30 300元，依法予以追缴（违法所得限判决生效后三十日内缴纳）。

原审被告人马某不服，提出上诉。二审法院依法组成合议庭，决定不开庭审理。二审法院认为，二审查明的事实与原审查明的事实一致。认定事实的证据经一审庭审质证，二审法院审查，证据之间能够相互印证，且证据来源合法，予以确认。原审判决体现了罪责刑相适应的原则，并无不当。上诉人及其辩护人提出的“一审法院对于有关证据采纳及程序处理上存在多处违法行为”的理由，二审法院不予采信。关于上诉人马某及其辩护人提出的原判量刑重，请求从轻处罚的意见，经查，在本案二审过程中，马某积极认罪悔罪，并与家属缴纳了一审判决的罚金40 000元和违法所得30 300元。马某在二审中的行为能够被认定为具有认罪悔罪表现，依法可以从轻处罚。二审法院根据马某犯罪情节、后果及主观恶性，认为其确有悔罪表现，没有再犯罪的危险，经二审法院委托司

① （2021）冀08刑终47号，马某、孙某滥伐林木罪案，https://wenshu.court.gov.cn/website/wenshu/181107ANFZ0BXSK4/index.html? docId=BPnDf6f76e6xjYX09XKS4PohBmsw+NYsYnMG7WGVL+9v3ihI/U3R+Z/dgBYosE2gMVEdmXOKNNIwPw1cccz7VJLWJd1RAYn7mqIKOE9YZoJ8fsijPePcRyaZANAZ+q6n。

法行政机关调查，对被告人马某可适用非监禁刑。

后马某以一审、二审法院认定事实、适用法律错误为由，提出申诉。经审查，申诉不符合《中华人民共和国刑事诉讼法》第二百五十三条规定的再审条件，原裁判应予维持。

1.2.2 出庭作证

在本案中，当事人马某在上诉阶段提出如下问题。

第一，一审法院认定的事实不清。在一审中，马某的辩护人曾向法院提出过书面申请，要求证人出庭作证，一审法院前后共计开庭5次，对于该申请，法院均不予理睬。

第二，一审法院认定马某构成犯罪的证据不足。

一方面，承德保态林业司法鉴定中心出具的鉴定意见及说明违反法律规定，依法不能作为定案的依据。在一审庭审中，马某对于鉴定意见存在异议：鉴定认定的总蓄积为67.570 8立方米，而自己购买的木材共计才19.88立方米，数量相差甚多，且该数量直接影响量刑的结果(19.88立方米属于法律规定的“数量较大”，量刑为“处三年以下有期徒刑、拘役或者管制，并处或者单处罚金”；67.570 8立方米属于法律规定的“数额巨大”，量刑为“处三年以上七年以下有期徒刑，并处罚金”)。在一审中，马某的辩护人向法院提交了书面的申请书，要求鉴定人出庭作证，但法院不予理睬，因此该鉴定意见不能作为定罪量刑的法律依据。

另一方面，涉林犯罪的鉴定人和鉴定机构并没有被纳入《全国人民代表大会常务委员会关于司法鉴定管理问题的决定》第二条规定的四类鉴定人和鉴定机构登记管理范畴。本案办案机关聘请当地的鉴定机构和鉴定人员进行司法鉴定，极有可能存在“与本案当事人有其他关系，可能影响公正处理案件”的嫌疑，该鉴定机构和鉴定人应当回避但没有依法回避，因此他们作出的司法鉴定意见丧失证据资格，不能作为定案的依据。结合本案的情况，办案机关应当聘请案发地以外的鉴定机构和鉴定人进行司法鉴定。

马某的辩护人在二审阶段提出辩护意见：承德保态林业司法鉴定中心出具的鉴定意见及说明违反法律规定，依法不能作为定案的依据。在一审庭审中，马某对于鉴定意见存在异议，鉴定认定的总蓄积为67.570 8立方米，而马某购买的木材共计28.836立方米，28.836立方米是马某购买木材时实际测量的数据，更接近客观真实情况，而案卷中承德保态林业司法鉴定中心仅仅依据地径进行推算，即使该鉴定属于行业内正常的鉴定方法，对于树木的数量认定亦不合理，且该鉴定意见与实际测量的数值相差甚多，又因该数值直接影响量刑的结果，对于如此关键的量刑依据，一审法院不但没有让鉴定人出庭作证，反而在庭后进行了一个简短的书面说明，就直接将其作为一审量刑的依据，根据《中华人民共和国刑事诉讼法》第一百九十二条第三款之规定：“公诉人、当事人或者辩护人、诉讼代理人对鉴定意见有异议，人民法院认为鉴定人有必要出庭的，鉴定人应当出庭作证。经人民法院通知，鉴定人拒不出庭作证的，鉴定意见不得作为定案的根据。”

在庭审中，马某的辩护人向法院提交了书面的申请书，要求鉴定人出庭作证，但鉴定人仍未出庭作证，因此该鉴定意见不能作为定罪量刑的法律依据。

1.2.3 意见采信

二审法院认为，上诉人马某及原审被告人孙某违反森林法的规定，在未办理林木采伐许可证的情况下，擅自砍伐林木，且数量巨大，其行为已构成滥伐林木罪，且系共同犯罪，依法应予惩处。上诉人及其辩护人提出的"一审法院对于有关证据采纳及程序处理上存在多处违法行为"的理由，二审法院不予采信。

1.2.4 法律解析

当事人对鉴定书内容有异议的，并不当然启动鉴定人出庭程序。《最高人民法院关于民事诉讼证据的若干规定》(2019 年修正)第三十七条规定："人民法院收到鉴定书后，应当及时将副本送交当事人。当事人对鉴定书的内容有异议的，应当在人民法院指定期间内以书面方式提出。对于当事人的异议，人民法院应当要求鉴定人作出解释、说明或者补充。人民法院认为有必要的，可以要求鉴定人对当事人未提出异议的内容进行解释、说明或者补充。""实践中，对于当事人对鉴定书提出异议的，不应直接启动鉴定人出庭的程序，而是应当了解异议的具体内容，是不是针对鉴定书的内容，而不是针对鉴定材料、鉴定程序或者鉴定机构、鉴定人员的资质等非鉴定书本身内容的问题。对于非针对鉴定书内容的异议，应当进行法律审查，而鉴定人出庭则主要解决鉴定意见所涉及的内容的科学性审查的问题。"①

1.2.5 鉴定相关

在涉森林植被生态环境损害类案件司法鉴定实务中仍存在很多问题，值得相关部门关注。

例如，在海南省某被盗林木树种鉴定案中，因为被盗林木凹叶女贞并没有被列入《国家重点保护野生植物名录(第一批)》(国家林业局、农业部 1999 年 9 月公布实施)，所以认定被盗的这株林木不属于国家重点保护野生植物。此情形值得关注。

目前国内对于森林生态系统服务功能价值计算缺乏依据，国内外就生态系统服务功能价值的评估方法尚未形成统一的评估体系。在生态环境损害的价值量化过程中，往往关注生态环境实体的修复与恢复，对其生态服务功能的损失由于技术方法限制等因素而难以定量计算，即便是针对已有技术标准的森林生态系统，也多由于过程烦琐、需要的基

① 最高人民法院民事审判第一庭编著:《最高人民法院新民事诉讼证据规定理解与适用》(上)，人民法院出版社 2020 年版，第 369 页。

础数据量大等而未能得到广泛应用。

非法占用林地类型的生态破坏案件的生态环境损害鉴定，鉴定环节包括生态环境损害确认、林地面积核算、生态修复设计与工程预算、生态服务价值计算等。

广西华森林业司法鉴定中心对非法采伐国家重点保护植物罪中犯罪嫌疑人砍伐植物物种进行司法鉴定，采用的鉴定方法主要为形态学分类鉴定方法，即以植物形态特征为主要分类标准对检材的物种名称进行分类鉴定。

鉴定依据主要有《中国植物志》等权威文献、《国家重点保护野生植物名录》[2021 年 9 月 7 日国家林业和草原局、农业农村部公告(2021 年第 15 号)，国务院 2021 年 8 月 7 日批准]、《森林资源规划设计调查技术规程》(GB/T 26424—2010)、《林业地图图式》(LY/T 1821—2009)、《中国珍稀濒危植物目录》、《森林生态系统服务功能评估规范》(LY/T 1721—2008)等。

另外，非法占用林地的环境损害鉴定案多涉及国家级自然保护区。对于国家级自然保护区，其自然资源具有较高的代表性、稀有性、多样性、天然性，是诸多学科研究的良好基地，保护意义深远而重大。司法鉴定能够为执法者提供技术保障和证据支撑。例如，在湖北省“杉鸭公路”非法占用林地案中，鉴定人员通过数据比对与套合，叠加或扣减相应范围面积，核算非法占用林地范围与面积，解决了刑事审理与民事公益诉讼在责任主体方面不一致的冲突。

1.2.6　补充阅读

(1)案例 1：盗伐林木致生态服务功能损失价值鉴定评估案[①]

关键词：司法鉴定　生态系统环境损害鉴定　盗伐林木

2020 年 2 月，某自然保护区管理站林班内林木被盗伐，导致林木生态系统所具有的涵养水源、固碳释氧和生物多样性等服务功能损失。受某检察院委托，海南省林业科学研究院(海南省红树林研究院)对被盗伐林木的生态服务功能损失价值进行鉴定评估。

鉴定人通过资料收集、现场踏勘、样方调查、采集样本、生物多样性观测等收集相关参数，依据《森林生态系统服务功能评估规范》(LY/T 1721—2008)中确定的量化指标，计算出涵养水源功能评估价值为 35 481.76 元/年，保育土壤功能评估价值为140.52 元/年，固碳释氧功能评估价值为 14 341.93 元/年，积累营养物质功能评估价值为 581.08 元/年，净化大气环境功能评估价值为 1 471.86 元/年，森林防护功能评估价值为 16 408.22 元/年，生物多样性保护功能评估总价值为 384.7 元/年，森林游憩功能评估价值为 6 092.88 元/年。最终合计算出林木的生态服务功能损失总价值为 74 902.95 元/年。

① 《司法部发布 2021 年度十大环境损害司法鉴定指导案例》，2022 年 6 月 5 日，https://www.moj.gov.cn/pub/sfbgw/jgsz/jgszjgtj/ggflfwglj/ggflfwgljtjxw/202206/t20220605_456583.html。

非法盗伐林木事件时有发生，精准计算盗伐林木造成的生态服务功能损失为办理相关诉讼提供了证据。本案依据《森林生态系统服务功能评估规范》(LY/T 1721—2008)中8个类别量化指标对被盗伐林木生态服务功能损失进行评估，全面考虑相关技术参数，计算出了被盗伐林木生态服务功能损失总价值。

在环境损害司法鉴定案件中，对森林生态系统服务功能的评估一直是讨论热点，本案从社会公共参数、生态站长期监测参数、文献来源参数和有关部门公布的相关参数等获得评估数据来源，再对照《森林生态系统服务功能评估规范》(LY/T 1721—2008)中的量化指标，科学地评价了生态服务功能损失价值。

(2)案例2：重庆市林业司法鉴定中心对被非法砍伐的疑似红豆杉植物种类、保护级别进行环境损害鉴定案①

关键词：植物种类鉴定

本案中，嫌疑人赵某在某市某区某镇某村11组，砍伐疑似红豆杉1株。涉案鉴定对象共计1株，编号为1号。鉴定内容包括鉴定对象生长位置、地形地貌、土壤、土地类型与权属、林分起源、林分群落结构和植被种类，鉴定对象树干、树皮及枝叶形态特征，以及鉴定对象所生长环境、人工经营和管理措施等。

首先，对鉴定对象的形态特征进行描述。现场踏查鉴定对象枝叶特征，根据现场采集的鉴定对象的枝条及叶片特征进行分析。鉴定对象的特征为：叶排列成两列，条形，微弯或较直，长1～3厘米，宽2～4毫米，上部微渐窄，先端常微急尖、稀急尖或渐尖，上面深绿色，有光泽，下面淡黄绿色，有两条气孔带，中脉带上有密生均匀而微小的圆形角质乳头状突起点，常与气孔带同色，稀色较浅。

其次，对原生生境特征进行描述与分析。经现场勘察、GPS定位，鉴定对象位于某区某镇某村11组，鉴定对象地理位置为经度106.621 518 695°E，纬度28.537 405 112°N，海拔1 214米。鉴定对象采集点地貌均为中低山，属陡坡，土层较厚。鉴定对象周边植被种类有鹅掌楸、棕榈、杉木等。

根据《中华人民共和国野生植物保护条例》(2017年修正版)第二条“本条例所保护的野生植物，是指原生地天然生长的珍贵植物和原生地天然生长并具有重要经济、科学研究、文化价值的濒危、稀有植物”、第三十一条“中华人民共和国缔结或者参加的与保护野生植物有关的国际条约与本条例有不同规定的，适用国际条约的规定；但是，中华人民共和国声明保留的条款除外”，以及《濒危野生动植物种国际贸易公约》Conf.11.11“人工培植一词应解释为由种子、插条、分株、愈伤组织或其他植物组织、孢子等在控制条件下生长的活体植株；控制条件指完全由人类操作的非自然环境，其目的是生产特定的物种或

① 《重庆市林业司法鉴定中心对被非法砍伐疑似红豆杉植物种类、保护级别进行环境损害鉴定案》，https://alk.12348.gov.cn/Detail? dbID=56&dbName=SJYW&sysID=24627。

杂交种。控制条件的特点包括但又不限于耕作、施肥、除草、灌溉,或诸如盆植、整床等苗圃作业或防备恶劣气候”的规定,野生植物和人工栽培植物的区别如下:前者是野外自然生长的、未经人工培植的,后者则有人为控制措施贯穿植物生长的全过程。

根据《中国植物志》记载,鉴定对象原产于甘肃南部、陕西南部、四川、重庆、云南东北部及东南部、贵州西部及东南部、湖北西部、湖南东北部、广西北部和安徽南部(黄山),綦江区为红豆杉的原生地之一,符合“原生地”这一要素;采集地现场未见耕作、施肥、除草、灌溉等“人工培植”痕迹,符合“天然生长”这一要素。因此认定鉴定对象为野生。

综上所述,鉴定人员给出以下鉴定意见:第一,根据现场勘验遗留的树桩、树干、枝条及叶片特征,同时分析采集的枝条、叶片特征,通过查对《中国植物志》确认鉴定对象为红豆杉,拉丁名为 *Taxus wallichiana var. chinensis* (Pilg.) Florin,隶属于红豆杉科红豆杉属。第二,根据对鉴定对象生长地的现场勘察与分析,本次鉴定的 1 株红豆杉为野生树木。第三,根据《国家重点保护野生植物名录》(2021 年),确认 1 株红豆杉属于国家一级保护野生植物。

(3)案例 3:重庆市林业司法鉴定中心对某建材公司占用林地面积、毁坏程度进行环境损害鉴定案①

关键词:占用林地面积鉴定　毁坏程度

某建材有限公司于 2019 年 9 月租用某区某镇某村 10 社林地用于生产、堆放石子石粉。

鉴定人员对该公司占用地块现状、毁坏程度进行现场勘察、拍照记录,并用无人机进行现场航拍,以便根据实际占地情况界定毁坏地块范围。

首先,对林地、地类进行认定。毁坏图斑地形地貌已发生改变,根据林地或森林的定义无法现场判断、确认是否为林地。因此,鉴定图斑地块性质需依据某区 2019 年林地变更调查数据库及其他佐证材料综合认定。本次鉴定的某建材有限公司占用地块划分为 18 个地块,编号为 G01 至 G18 号。

第一步,按照林权证或土地证面积及相关四至界限描述,现场核实位置、边界。位置或边界确认无误的,根据现场指认确定是否为林地;位置或边界无法确认的,按照其他资料确定是否为林地。

第二步,依据《退耕还林条例》(中华人民共和国国务院令第 367 号)第四十七条“退耕土地还林后,由县级以上人民政府依照森林法、草原法的有关规定发放林(草)权属证书,确认所有权和使用权,并依法办理土地变更登记手续”,对退耕还林地块直接认定为林地。

---

① 《重庆市林业司法鉴定中心对某建材公司占用林地面积、毁坏程度进行环境损害鉴定案》,https://alk.12348.gov.cn/Detail? dbID=56&dbName=SJYW&sysID=25126。

第三步，对余下的地块利用林地变更调查数据库进行比对，数据库中管理类型属性为“林业部门管理(代码编号10)”且地类属性为“林地”的地块，直接认定为林地。

第四步，其他地块根据历史影像及其他相关资料进一步综合判定是否为林地。

第五步，现场踏查，根据实际情况来认定是否为占用林地。

其次，对毁坏林地面积进行分析。在Arcgis软件上，依据临时用地审批红线、某区2019年林地变更调查数据库等相关资料的地类属性、历史影像以及现场实际占用情况进一步划分森林督查图斑地块并确定毁坏地块土地性质和地类，然后根据林地的地类、森林类别和林种等林地因子进行分类汇总。

本次鉴定的某建材有限公司占用地块总面积18 628平方米(27.94亩)。具体地块属性如下。

G02和G04号地块在临时用地审批红线范围内，根据某市某区林业局关于同意某镇某农村公路拌和站堆料场项目临时使用林地的批复，该范围内的林地已于2021年9月6日办理临时使用林地审批手续(临时使用林地的期限至批复之日起两年内有效)，上述2个地块面积共计10 861平方米(16.29亩)。

余下的G01、G03、G05至G18号等16个地块均未办理相关林地使用审批手续，面积共计7 767平方米(11.65亩)。其中，G05和G13号地块在某区2019年林地变更调查数据库中显示地类为耕地，依据前述认定原则，认定上述2个地块为非林地，面积共计1 426平方米(2.14亩)。G01、G03、G06至G12、G14至G18号等14个地块在某区2019年林地变更调查数据库中显示为林地，所有权人为镇集体，地类为乔木林、未成林造林地，森林类别为一般商品林，工程类别为其他林业工程、退耕还林工程、天然林资源保护工程，优势树种为马尾松、其他经济树、其他软阔类，管理类型为林业部门管理，依据前述认定原则，认定上述14个地块为林地，面积共计6 341平方米(9.51亩)。

最后，就林地毁坏程度进行认定。依据《最高人民法院关于审理破坏林地资源刑事案件具体应用法律若干问题的解释》(法释〔2005〕15号)精神及《耕地和林地破坏司法鉴定技术规范》(SF/T 0074—2020)，按照现场被毁坏林地原有植被的保存现状、林业种植条件的被破坏程度、种植土壤的污染程度，综合判定林地毁坏或污染程度，分轻度毁坏、中度毁坏和严重毁坏三个程度等级。

有下列情形之一的为轻度毁坏：a.林地地上乔木基本保存，林地内因挖沙、取土、堆放砂土或生活垃圾等被毁坏，林下植被可以自然恢复；b.排放有毒有害物质，造成林地种植土壤轻度破坏的。

有下列情形之一的为中度毁坏：c.林地地上乔木基本保存，但林地内被水泥、沥青等硬化，或堆放石砾、建筑垃圾等被毁坏，林下植被难以自然恢复；d.仅林地地上乔木被毁坏，而林下灌木或草本尚保存，植被可以自然恢复；e.排放有毒有害物质，造成林地土壤中度破坏的。

有下列情形之一的为严重毁坏：f.林地地上乔木、灌木、草本层全部被毁坏；g.种植土层完全被剥离至基岩裸露；h.林地地上乔木、灌木全部被毁坏并种植农作物；i.林地地上修建构、建筑物或被水泥、沥青等硬化；j.排放有毒有害物质，造成林地土壤重度破坏的。

根据现场踏查确认，在本次鉴定的某建材有限公司占用林地中，G14 和 G15 号地块原有植被已全部被毁，但未改变种植条件，已采用种植马尾松的方式进行了林地恢复，未改变林地用途，结合现场实际情况和前述认定原则，综合认定上述 2 个地块的毁坏程度为中度，面积共计 617 平方米(0.92 亩)。

G01、G03、G06 至 G12、G16 至 G18 号等 12 个地块原有植被已全部被毁，用于生产、堆放碎石及沙土或修建道路、板房，已改变林地用途，毁坏程度符合 f 条和 i 条之规定，认定上述 12 个地块的毁坏程度为严重毁坏，面积共计 5 724 平方米(8.59 亩)。

综上所述，鉴定人员给出以下鉴定意见：某建材有限公司占用地块总面积 18 628 平方米(27.94 亩)。其中，在临时用地审批范围内 10 861 平方米(16.29 亩)(该范围内林地已办理临时使用林地审批手续)；余下未在临时用地审批范围内的 7 767 平方米(11.65 亩)中，非林地 1426 平方米(2.14 亩)、林地 6 341 平方米(9.51 亩)(未办理相关林地使用审批手续)。

1.3 出庭人员身份的中立性被质疑影响作证的有效性

1.3.1 基本案情①

本案系固体废物污染责任纠纷环境民事公益诉讼，为公益组织基于行政机关对运输车辆不符合要求、泄露遗撒产生扬尘等问题所作出的行政处罚，以及二被告在小区内对人工湖实施的填埋改造行为，以保护和改善生态环境为目的所提起的有益于社会公共利益的民事诉讼。

原告北京市朝阳区自然之友环境研究所(简称"自然之友研究所")认为，自 2014 年 10 月起，被告北京某房地产开发有限公司(简称"房地产公司")、北京某物业管理有限公司(简称"物业公司")开始向北京市昌平区某小区人工湖区填埋开槽土，破坏了当地生态系统的完整性和稳定性，妨碍了生态服务功能的发挥，损害了公共利益。虽然二被告在填埋后进行了相关景观提升工作，但是不足以弥补填埋行为对湿地造成的损害，且新增加的生态功能无法与之前受到破坏的生态服务功能相平衡。自然之友研究所遂提起本

① (2015)四中民初字第 233 号，北京市朝阳区自然之友环境研究所与北京某物业管理有限公司等固体废物污染责任纠纷案，https://wenshu.court.gov.cn/website/wenshu/181107ANFZ0BXSK4/index.html? docId=6Dz40boryH/OQMnbtbRg5UBGbm3HpCWHIN5wb8rayODbocIJZiK+uZ/dgBYosE2gMVEdmXOKNNIwPw1cccz7VJLWJd1RAYn7mqIKOE9YZoJ8fsijPePcR8u51TFbLFZO。

次公益诉讼,请求:(1)判令二被告立即停止侵害,停止在涉案湖泊区域的施工作业,不得继续倾倒渣土等固体废物,不得继续破坏原有生态;(2)判令二被告恢复湿地原状,将所破坏湿地的生态环境修复到损害发生之前的状态和功能;(3)判令二被告赔偿自涉案湖泊区域植物群落、湿地生态受到损害至恢复原状态期间的服务功能损失费,用于北京市昌平区湿地保护等公益事业;(4)判令二被告承担本案全部诉讼费用以及原告为诉讼支付的调查取证费、评估费、专家费、律师费等费用。

法院于 2015 年 7 月 23 日立案后,适用普通程序,于 2015 年 7 月 29 日公告了案件受理情况,于 2018 年 8 月 16 日公开开庭进行了审理。

本案审理过程中,自然之友研究所请求对本案所涉填土行为是否对原生态系统造成重金属污染及其他损害,以及是否会造成生态环境损害进行鉴定。法院委托原环境保护部环境规划院环境风险与损害鉴定评估研究中心(简称"鉴定中心")对所涉专业性生态环境问题进行鉴定。鉴定中心于 2018 年 4 月给出生态环境损害鉴定评估报告(简称"原鉴定评估报告")。经庭前证据交换,法院认为原鉴定评估报告所依据的检材存在瑕疵,要求鉴定中心补充鉴定,双方当事人对鉴定中心补充鉴定均无异议。鉴定中心于 2018 年 8 月重新出具了生态环境损害鉴定评估报告(简称"鉴定评估报告"),内容包括项目概述、土壤环境损害鉴定评估、水环境损害鉴定评估、生态损害鉴定评估、生态环境损害鉴定评估结论、签字盖章六个部分。其中生态环境损害鉴定评估结论部分载明:(1)填埋行为未对评估区土壤和地表水环境造成损害。(2)填埋前原有人工湿地每年提供的生态系统服务价值为 17.04 万元;填埋后剩余的 0.82 公顷人工湿地在 2015—2018 年每年提供的服务价值分别为 2.69 万元、4.08 万元和 8.10 万元;填埋后被告在小区种植的 5.18 公顷人工林地每年能提供的生态系统服务价值为 27.29 万元。(3)从 2015 年生态破坏开始至 2018 年评估区生态系统服务期间损失和生态系统恢复措施的期间效益分别为 29.43 万元和 36.13 万元,已采取恢复措施的服务价值超出了受损害的服务价值,不需要再采取其他生态恢复措施。

同时,在案件审理过程中,法院分别向北京市环境保护局、北京市昌平区环境保护局、北京市园林绿化局、北京市昌平区园林绿化局、北京市水务局、北京市昌平区水务局、北京市住房和城乡建设委员会、北京市昌平区住房和城乡建设委员会、北京市规划委员会、北京市规划委员会昌平分局、北京市国土资源局、北京市国土资源局昌平分局、北京市城市管理综合行政执法监察局、北京市昌平区城市管理综合行政执法监察局、北京市市政市容管理委员会、北京市昌平区市政市容管理委员会送达了《(2015)四中民初字第 233 号环境民事公益诉讼案件告知书》(简称"案件告知书"),告知上述行政机关案件受理情况,并根据线索展开调查。

法院经审理认为,二被告以改善湖区环境为目的对涉案人工湖进行填埋改造绿化的行为,未违反我国法律法规的禁止性规定,改造后湖区的生态环境未受到损害,且生态服务价值超出了改造前的价值，故二被告的行为不具备生态环境损害侵权责任中关于实施行为造成了损害结果的法定要件，不构成生态环境损害侵权。

最终，法院仅确认了二被告的改造绿化行为，驳回原告自然之友研究所的其他诉讼请求。

同时，法院考虑到二被告系在本案诉讼期间对小区环境实施完成了绿化改造，故本案的审理对二被告以保护生态环境为目的进行小区绿化改造具有督促作用，发挥了环境审判引导环境保护的功能，有利于实现及时恢复、及时治理的环境审判目标。基于上述分析，法院认为自然之友研究所主张的环境权益已经得到了有效保护，为坚持保护优先、预防为主、综合治理的环境保护原则，维护改造后的生态环境系统，对二被告的改造绿化行为予以确认。

鉴定费 254 660 元及案件受理费 70 元，均由原告自然之友研究所负担。

1.3.2 出庭作证

在本案中，原告自然之友研究所向法庭提交了 16 份证据，其中第五组证据证明自然之友研究所聘请相关专家为改造涉案人工湖区研究了相关方案并支付了费用。

同时，为查明二被告的行为是否造成了生态环境损害，自然之友研究所在诉讼中提出了对涉案人工湖区内填土、水质、植被、湿地、蓄水等相关环境问题进行司法鉴定的申请。法院就二被告的填埋改造行为是否对湖区及周边的土壤环境和水环境造成了损害委托鉴定中心进行司法鉴定。鉴定中心通过采集土壤样品、分析检测重金属、调查水质状况等方法进行司法鉴定。

1.3.3 意见采信

关于原告自然之友研究所向法庭提交的 16 份证据中的专家意见，二被告认为，证据与本案不具关联性，证据中所涉及的专家为自然之友研究所的劳务人员，缺乏公正性与独立性；对于自然之友研究所申请的具有专门知识的人出庭，二被告对出庭人员的专业性和中立性不予认可，并认为其所解释的关于海绵城市改造方案的相关问题与本案不具关联性。对此，法院经审理后，支持了被告的主张：对于由自然之友研究所申请、经本院批准出庭的具有专门知识的人员，因该人员身份不具中立性，且提出的改造方案与本案不具直接关联性，不予确认。

关于鉴定意见，本案原、被告均向法院申请鉴定人出庭，法院依法通知鉴定人出庭作证，原、被告双方对鉴定人进行了询问，对鉴定评估报告进行了质证。法院认为，鉴定中心具有鉴定资质，检材具有客观性和真实性，鉴定程序合法，鉴定参考标准具有科学性和合理性，论证充分，鉴定人出庭进行了合理充分的解释，鉴定评估报告能够证明本案所涉专业性生态环境问题。鉴定评估报告具有真实性、合法性、关联性。因鉴定人出庭对鉴定评估报告进行了合理充分的解释，所以其意见被采信。

1.3.4 法律解析

在环境民事公益诉讼中,生态环境侵权责任的构成要件包括破坏生态、污染环境的行为,社会公共利益受到损害的事实,以及二者之间存在因果关系。根据一般逻辑和日常经验,侵权行为所造成的损害结果具有可知性,在生态环境侵权中则直接作用于生态环境,并且通过物理、化学、生物等一系列反应表现为可被感知判断的状态。在可被观察和感知的生态环境发生改变后,对于生态环境是否受到损害的判断,以及对损害程度和因果关系的判断,则需要通过科学鉴定进行分析。

在本案中,自然之友研究所以二被告向涉案干涸湖区填土破坏了生态环境为由提起公益诉讼,要求二被告恢复涉案湖区的生态功能,赔偿生态环境受到损害期间的生态服务功能损失费。根据生态环境损害侵权责任认定的一般逻辑,应首先对二被告所实施的行为是否造成生态环境的损害进行判断。结合原、被告提出的主张和证据,法院从填湖原因、填湖行为的违法性认定、填湖对生态环境的影响认定三方面进行分析。

首先,关于填湖原因。根据北京市国土资源局昌平分局出具的《土地登记结果信息》并结合在案证据,涉案小区用地的土地使用者为房地产公司,用途为住宅,使用权类型为国有出让。涉案小区原是北郊农场千亩鱼塘的一部分,在建设过程中,房地产公司利用坑洼的鱼塘修整出面积约为100亩的人工湖,依靠深井抽取地下水蓄水。受北京市地下水位逐年下降的影响,涉案人工湖蓄水能力亦逐年降低,水位逐年下降。因北京市政府对于抽取地下水的管理限制政策,水务部门禁止大量抽取地下水,且用水成本的上升使二被告无法继续抽取地下水回灌湖。至2008年,涉案人工湖已经完全干涸,里面长满了芦苇和杂草以致引发火灾,部分人员往湖区内倾倒垃圾破坏了周边环境,且湖水干涸后湖堤、沿湖道路和住户房屋地基开始出现倾斜、开裂。对此,北京市园林绿化局复函认为,由于该湖没有防渗工程,加之没有其他补充水源,因此湖区逐年干涸。近几年来,湖底芦苇等杂草丛生,湖区景观已不复存在,且出现了较大的火灾及治安方面的隐患。为消除安全隐患和治安隐患,二被告经征求小区业主意见,开始对涉案人工湖进行改造绿化。由于小区产权属于小区全体业主共有,涉案人工湖属于小区公用设施,人工湖属于小区内景观附属设施,依据物权法和物业管理条例的规定,二被告取得小区2/3以上业主同意即可实施改造绿化,无须经过其他行政部门审批。在本案审理过程中,原、被告就业主意见各持己见,法院认为小区公用设施改造及业主权利的行使并非本案环境民事公益诉讼审理范围。二被告填埋涉案人工湖的原因系为改善湖区环境,具体可归纳为以下两方面:一是客观条件已经不具备原有人工湖功能和继续蓄水的可能性,二是填湖前湖区已形成安全隐患和治安隐患,改造治理具备客观必要性。

其次,关于填湖行为的违法性认定。本案立案后,法院于法定期限内向有关行政机关送达案件告知书,通报案件受理情况以及可能涉及的环境问题。各行政机关根据线索展开调查，并通过回函等方式向法院答复了调查结果和相关意见。综合各行政机关的回复内容，可以认定随着附近地铁施工及地下水位的下降，涉案人工湖的湖面面积逐年缩小。由于该湖既没有防渗工程，也没有其他水源补充方式，因此逐年干枯，人工湖景观已不复存在，且出现了较大的火灾及治安方面的隐患。根据北京市昌平区园林绿化局的复函，人工湖被列为小区内其他占地，未计入绿地面积。北京市水务局复函证明小区内人工湖属于小区内景观附属设施，应为小区内公用设施，产权归属于本小区的全体业主，并由物业服务企业进行维修、养护、管理。此次填湖绿化未改变规划性质，未破坏土地实际使用性质。二被告在取得小区 2/3 以上业主同意的情况下，对涉案人工湖进行填埋改造，符合《物权法》和《物业管理条例》的相关规定。由于填埋项目未列入《建设项目环境影响评价分类管理名录》，故涉案填埋改造行为无须办理环保审批手续。本案案发源于运输车辆不符合要求、泄露遗撒产生扬尘、施工产生噪声扬尘，上述行为虽然发生在二被告改造小区绿化环境的过程中，但系运输及施工所致，并非填埋改造行为造成了生态破坏、环境污染。北京市环境保护局回函认为，该填埋行为系对已干涸的人工湖进行改造，实施的对象是“人工湖”，与植被、湿地没有关联，所以未对植被、湿地等生态环境造成破坏。根据调查核实的情况，认定二被告污染环境、破坏生态，损害社会公众利益的证据不足。同时，行政机关经调查未发现二被告有违反相关环保法律法规的行为，未对生态环境造成破坏。因此，各行政机关对二被告的改造小区填湖绿化行为不具备违法性的认定，法院予以确认。

最后，关于填湖对生态环境的影响认定。法院认为，由于生态环境侵权的特殊性，侵权行为对环境造成的损害会通过各种环境因素表现出来。就本案而言，引发争议的行为是二被告对人工湖进行填土改造绿化。由于涉案人工湖在填埋前湖水已经干涸，长满芦苇和杂草，湖水干涸后湖堤、沿湖道路和住户房屋地基开始出现倾斜、开裂，且有火灾和治安隐患，因此作为承担小区环境管理和物业服务职责的二被告，进行隐患治理与绿化改造有其必要性。在填埋后，湖区面积有所缩减，二被告进行了绿化及景观建造。经填埋改造，小区内的可视环境有所改善，安全隐患消除。从二被告对人工湖填埋改造绿化行为的专业定性和定量分析来看，鉴定评估报告明确认定所填土方并未导致涉案人工湖及周围地区的土壤和水环境受到污染，且对于填埋改造湖区所造成的生态变化，鉴定评估报告中也对具体服务功能的换算价值进行了对比，即从 2015 年生态破坏开始至 2018 年评估区生态系统服务期间损失和生态系统恢复措施的期间效益分别为 29.43 万元和 36.13 万元，已采取恢复措施的服务价值超出了受损害的服务价值。因此，二被告不需要再采取其他生态恢复措施。经法庭质证及鉴定人出庭接受询问，法院认可鉴定评估报告的科学性、合法性、公正性，对鉴定评估报告证明的事实予以确认。结合各行政机关的复函、在案证据所证明的事实以及鉴定评估报告，在二被告对涉案人工湖进行填埋改造绿化后，涉案湖区及其周边的生态环境并未受到损害，改造后的生态服务价值超出了改造前的价值，故法院确认填湖行为未造成生态环境的实际损害。

法院在判决中称："在社会发展的过程中，人们需要不断改变环境，以谋求人与生态环境的和谐发展。在二被告对本案所涉湖区进行改造的过程中，确实存在一段期间，湖区原有生态环境发生变化，相应生态服务功能减少甚至丧失，但上述过程只是所有环境改造工程所必须经历的一个阶段，因此，对改造活动的价值判断应当以改造完成之后改造对象的生态服务价值为标准。二被告在填湖后实施了绿化等改造行为，且现有证据未能证明小区蓄水功能和区域性洪水调蓄功能受到了损害。鉴定评估报告中明确载明，改造后评估区已采取恢复措施的服务价值超出了受损害的服务价值，不需要再采取其他生态恢复措施。因此，本院认可涉案湖区在改造完成时是符合生态系统服务价值要求的。"

生态环境改造行为是否应承担相应法律责任，还应当以法律法规的规定为依据。在本案中，各行政机关根据法院提供的线索展开调查，并通过回函等方式向法院答复了调查结果和相关意见，均表明二被告的填湖绿化行为未违反法律法规，应当认定为是在法律允许范围内所进行的改造，改造结果有益于消除隐患、改善生态环境。故二被告填埋绿化人工湖的行为具有法律正当性，其无需承担民事责任。

但有学者认为，本案例中的鉴定意见没有考虑生态系统多样性问题。在北方城市，水面（水生态系统）尤为短缺，属于稀缺生态要素，其生态功能及生态系统服务不是同等面积林地、草地就可以替代的。

1.3.5 鉴定相关

在进行河流湖泊生态系统损害鉴定时，采集数据需要准确无误，选择合理、科学的计算方法，对无法调查到市场价格的可以考虑采用成本法。例如在云南省报送司法部某湖土著鱼价值鉴定案中，鉴定人按照能调查到市场价格的按市场法来计算涉案鱼类的价值。

如何有效确认污染损害以及准确计量其贡献程度也是鉴定的关键。如在湖北省网湖大湖区渔业投肥投饵养殖污染案中，因为该案所涉网湖的污染来源不仅包括某养殖公司在承包湖泊进行渔业养殖过程中的投肥投饵，也包括湖区周边精养鱼塘的尾水排放、邻近农村村落的生活源污水排放，以及上游区域农业面源污染汇水等，所以鉴定人员采用的鉴定方法有以下几个。

第一，关于污染排放行为确认。鉴定人员根据当地环境保护行政主管部门的执法文书与相关资料，基于现场图片、监测数据、调查记录、询问笔录、行政处罚决定书等，明确养殖公司的确存在向网湖大湖区进行投肥投饵养殖的行为，核实了污染来源与污染排放路径。

第二，关于水体环境损害确认。由于网湖存在非单一的污染来源，且是具有类似污染特征的污染源，因此，需证明目标污染源对网湖水体的直接损害后果。养殖公司在网湖大湖区的投肥投饵行为发生后，环境保护部门即刻对投肥区域的水体进行采样与监测分析，鉴定人员通过水体中目标污染物的浓度水平差异确认生态环境损害。

第三，关于单一源的损害价值计算。由于网湖的污染现状不是大湖区渔业养殖投肥投饵单一要素所致，因此不能以现状污染的治理修复成本来表征渔业养殖造成的网湖水体环境损害价值。同时，由于周边生活源、农业面源、养殖退水等其他污染源存在排放无组织性、无规律性等特点，较难进行定量分析，也就无法从网湖的污染现状中划分出其对损害结果的贡献值，因此本案例中选择了虚拟治理成本法，针对能够确认的网湖重要的污染源之一，即投放含磷肥料和饵料的渔业养殖行为，人为将其从网湖诸多污染源中摘出单独核算，仅针对其投放的含磷污染物总量进行虚拟治理成本的计算。计算结果即为渔业投肥投饵养殖造成网湖大湖区水体环境损害的价值，其应当包含于且小于对网湖现状污染的治理修复成本。

基于以上计算，得出鉴定结论：(1)2014—2016 年，该养殖公司承包网湖大湖进行渔业养殖，存在投放含磷肥料和饵料进行养殖的行为。基于环境保护部门的执法监测数据，确认已造成网湖大湖水体环境损害。(2)采用虚拟治理成本法进行计算，得到 2014—2016 年该公司投肥投饵养殖造成网湖大湖区水体环境损害的最低数额为1 946 776元。

1.3.6　补充阅读

(1)案例 1：不明有机物非法处理致环境损害鉴定案[①]

关键词：司法鉴定　土壤与地下水环境损害鉴定　不明有机物

2020 年年初，浙江省某生态环境局检查发现某场址上的企业未经审批非法处理多种不明有机物，场地遗存不明黑色液态废物约 300 吨，现场刺激性气味浓郁。受当地生态环境局委托，浙江省生态环境科学设计研究院环境损害司法鉴定所对不明有机物非法处理造成的环境损害进行司法鉴定。

鉴定人通过定性定量分析相结合的方法，确定特征污染物为苯、苯胺、二氯甲烷、苯乙烯、二氯丙烷、三氯乙烷、三氯丙烷等多种小分子化合物，不明遗存废物为具有毒性物质含量特性的危险废物；通过比较分析场址历史影像图中建、构筑物的变迁，结合水文地质资料地表水、地下水流向，有针对性地布点钻探采样检测，确定土壤及地下水损害范围为 6 500 平方米；依据《建设用地土壤污染风险评估技术导则》(HJ 25.3—2019)，计算并确定了苯胺、苯、二氯乙烷、氯仿、二氯丙烷、三氯乙烷、三氯丙烷的修复目标值；根据检测数据，通过插值模拟计算，土壤需修复体积 5 867 立方米，地下水修复量 18 984 立方米，未超过修复目标值但受损害土壤量共 14 016.5 立方米。最终计算出生态环境损害数额

① 《司法部发布 2021 年度十大环境损害司法鉴定指导案例》，2022 年 6 月 5 日，https://www.moj.gov.cn/pub/sfbgw/jgsz/jgszjgtj/ggflfwglj/ggflfwgljtjxw/202206/t20220605_456583.html。

共 1 282 万元。

本案通过定性小分子化合物确定特征污染物及其危险特性，利用场址历史影像图识别调查区域，对污染场地进行健康风险评估明确修复目标值，运用数值模拟计算土壤损害范围等。多种方法综合应用，确保生态环境损害范围、程度及实物量化的准确性，为地块的修复及赔偿提供了依据。

危险废物是列入《国家危险废物名录》或者根据国家规定的危险废物鉴别标准和鉴别方法认定的具有危险特性的固体废物，对其处理不当极易造成环境污染。本案采用多种方法进行鉴定，科学计算出生态环境损害数额，有力地支持了环境损害赔偿工作，也为开展不明有机物非法处理致生态环境损害鉴定评估提供了参考。

1.4 本章小结

本章选取的案例有的涉及刑事诉讼。在刑事诉讼中，通常需要进行鉴定的几种主要情形包括：在侦查阶段，侦查机关为了查明案情，针对案件中某些专门性问题，可以指派、聘请有关司法鉴定人员出具鉴定意见。在审查起诉阶段，必要时检察机关也会委托或指定有关司法鉴定人员进行鉴定活动，包括对之前未进行过鉴定的专门问题进行初始鉴定和针对侦查机关的已有鉴定进行重新鉴定。在法庭审理阶段，人民法院为了核实证据，也可以委托有关司法鉴定人员进行鉴定活动。

在刑事诉讼中，犯罪嫌疑人、被告人、被害人及其辩护人、诉讼代理人不能直接启动司法鉴定，只能针对有关专门问题申请办案机关启动司法鉴定，而这种申请需要获得办案机关的同意。因此，只有当被告人及其辩护人、被害人及其诉讼代理人对鉴定意见提出异议，申请鉴定人出庭作证且法官同意并通知鉴定人出庭时，鉴定人才会出庭作证。

鉴定意见一般出自专业司法鉴定机构及专业司法鉴定人。鉴定意见作为“科学证据”，在司法实践中的证明力往往比证人证言更强，被法院采信的可能性更高。因此，在刑事诉讼中，相较于证人出庭作证，对鉴定人出庭作证的要求更加严格。只要控辩双方对鉴定意见有异议，人民法院认为有出庭必要的，才会通知鉴定人出庭作证；如果鉴定人拒不出庭作证，其出具的鉴定意见就可能不被采纳。

在公诉机关委托的鉴定活动中，出庭作证的鉴定人实质上属于“控方”，在此情形下，鉴定人出庭作证的要求之一是配合、支持公诉机关工作。一旦鉴定人出庭作证不力，或其出具的鉴定意见与其他证据不能互相印证甚至相左时，其鉴定意见将会被质疑，甚至不能作为定案依据。例如，本溪市南芬区人民法院在审理张某、崔某非法占用农用地罪一案中，公诉机关认为，被告人张某、崔某违反土地管理法规，非法占用耕地，改变被占用土地用途，数量较大，造成耕地大量毁坏，其行为均触犯了《中华人民共和国刑法》第三百四十二条，犯罪事实清楚，证据确实充分，应当以非法占用农用地罪追究其刑事责任。法院在审理期间发现，本溪市国土资源局于2016年8月18日作出了本国耕鉴字〔2016〕第5号耕地破坏程度鉴定，又于2018年9月12日作出了本国耕鉴字〔2018〕第9号耕地破坏程度鉴定，两个版本，意见不一致，且本国耕鉴字〔2016〕第5号耕地破坏程度鉴定与2016年7月27日的现场勘验笔录不符，虽经鉴定人出庭说明，仍不能说明其真实性，法院不予采信。因此，对被告人张某的辩护人提出的关于本国土耕鉴字〔2016〕第5号耕地破坏程度鉴定，现场勘验结论仅为压占破坏，没有鉴定依据的辩护意见，法院予以采纳。

但即使如此，鉴定人参与诉讼活动仍需坚守"专门性""专业性"要求，即主要从专业技术上阐述、论证所出具的鉴定意见的科学性、可靠性，或向人民法院阐明与案件有关的专门性问题或专业性知识，而非一味地为了配合公诉机关的指控而作证。

从刑事诉讼司法实践来看，辩护人可能对鉴定人提出的质证意见，至少包括以下几点：(1)鉴定人的专业资格和其所在鉴定机构的资质。(2)鉴定人的专业经历和业务背景。(3)鉴定人与本案的关系。(4)鉴定人接受委托、指定及获得检材的相关内容。(5)鉴定人对现场及案情的了解程度。(6)鉴定过程及程序。(7)鉴定的方法、技术、设备、依据。(8)鉴定意见如何得出等。鉴定人在接到出庭作证通知时需要就辩护人围绕鉴定意见针对鉴定人可能提出的质证意见，做好充分的准备，避免在出庭作证时处于被动，受到质疑。值得注意的是，在我国刑事审判中，鉴定人出庭作证率是比较低的。

另外，我国刑事诉讼法中也设计了"有专门知识的人出庭"的专家辅助人制度，这对鉴定人出庭作证也提出了更高的挑战。从证据法的角度来说，鉴定人提供的鉴定意见具有证据法上的独立地位，属于法定的证据种类，而专家辅助人的意见不具有独立的诉讼地位，在民事诉讼中被视为当事人陈述。至于鉴定人如何在司法实务活动中应对"有专门知识的人"，仍有待于司法实践的积累与完善。

第一，关于刑事诉讼中鉴定人出庭作证的程序问题。在开庭以前，审判人员可以召集公诉人、当事人和辩护人、诉讼代理人，召开庭前会议，根据案件情况，也可以通知被告人参加。庭前会议可以依法就"是否申请鉴定人出庭""是否申请重新鉴定"等问题，向控辩双方了解情况，听取意见。对可能导致庭审中断的程序性事项，人民法院可以在庭前会议后依法作出处理，并在庭审中说明处理决定和理由。控辩双方没有新的理由，在庭审中再次提出有关申请或者异议的，法庭可以在说明庭前会议情况和处理决定理由后，依法予以驳回。例如，在伍某滥伐林木罪一案[(2016)皖18刑终64号]中，辩护人在二审阶段向人民法院申请通知本案鉴定人出庭作证。人民法院审查认为有必要通知鉴定人出庭作证，对该申请予以准许并通知鉴定人庞某出庭。在庭审中，鉴定人先后接受了辩护人、检察员分别关于本案鉴定意见相关情况的询问，并对鉴定资质、程序、方法与过程以及鉴定结果等内容作出了说明和解释。对鉴定人庞某的出庭言辞，各方均当庭发表了质证意见。又如，在覃某、杨某、白某非法收购、运输、出售珍贵、濒危野生动物制品罪一案[(2020)桂14刑终70号]二审阶段，上诉人覃某的辩护人于庭前向人民法院提交鉴定人出庭作证申请书，申请通知鉴定人广西壮族自治区森林公安局物证鉴定所与云南濒科委司法鉴定中心鉴定人员出庭作证，理由是鉴定人出具的鉴定报告未对送检检材的真伪作出定论，也未对该老虎皮是野生的还是人工饲养的进行鉴定。人民法院认为，关于本案老虎皮价值鉴定问题，经查，根据《最高人民法院关于审理破坏野生动物资源刑事案件具体应用法律若干问题的解释》第一条"刑法第三百四十一条第一款规定的'珍贵、濒危野生动物'，包括列入《国家重点保护野生动物名录》的国家一、二级保护野生动物、列入《濒危野生动植物种国际贸易公约》附录一、附录二的野生动物以及驯养繁殖的上述物种"，本案中老虎属国家一级保护野生动物，不管是野生的还是人工驯养繁殖的均属刑法中"珍贵、濒危野生动物"保护的范畴。本案鉴定机构分别根据原林业部《关于在野生动物案件中如何确定国家重点保护野生动物及其产品价值标准的通知》以及国家林业局《野生动物及其制品价值评估方法》对涉案虎皮价值进行鉴定，每张虎皮价值分别为48万元和80万元，最终采信每张虎皮价值48万元，已从有利于被告人原则出发。同时本案鉴定机构云南濒科委司法鉴定中心系具有司法鉴定资格的鉴定机构，指派具备法定资质的鉴定人员，依照法定程序对涉案物品进行鉴定，出具了鉴定意见，侦查机关亦依法将鉴定意见告知各上诉人，鉴定形式完备、鉴定程序合法、鉴定意见客观，可以作为定案依据。至于上诉人杨某及覃某的辩护人就鉴定聘请书存在的问题提出的辩护意见，侦查机关已出具相关说明，法院认为该份鉴定聘请书确实存在瑕疵，但经侦查机关补正，作出了合理解释，故该份鉴定聘请书不影响本案的鉴定意见。上诉人及辩护人就鉴定意见提出的上诉和辩解意见以及覃某辩护人申请鉴定人出庭作证的申请均依法无据，法院不予采纳。

第二，刑事诉讼程序分为一审程序与二审程序。一般来说，刑事一审普通程序最为规范、完整。结合审判实践，鉴定人出庭作证一般遵循以下程序：(1)宣布出庭鉴定人名单。审判长应当询问当事人及其法定代理人、辩护人是否申请回避，申请何人回避并说明申请回避的理由。(2)公诉人可以提请审判长通知鉴定人出庭作证；在公诉机关一方举证后，被告人及其法定代理人、辩护人可以提请审判长通知鉴定人出庭作证。(3)鉴定人出庭作证时，审判人员应当核实其身份、与当事人及本案的关系，并告知有关作证的权利义务和法律责任，在如实作证保证书上签名。(4)经审判长许可，公诉人、当事人和辩护人、诉讼代理人可以对鉴定人发问，审判长认为发问的内容与案件无关的时候，应当制止。原则上，向鉴定人发问，应当先由提请通知的一方进行，发问完毕后，经审判长准许，对方可进行发问。审判人员认为必要时，也可以询问鉴定人。(5)鉴定人完成出庭作证后，应当退庭，不得旁听对本案的审理。

第三，鉴定人出庭作证时应注意的事项。《最高人民法院关于适用〈中华人民共和国刑事诉讼法〉的解释》(法释〔2021〕1号)第二百六十一条规定："向证人发问应当遵循以下规则：(一)发问的内容应当与本案事实有关；(二)不得以诱导方式发问；(三)不得威胁证人;(四)不得损害证人的人格尊严。"另外,审判期间,鉴定人向人民法院提出保护请求的,人民法院应当立即审查;认为确有保护必要的,应及时作出决定,采取相应的保护措施。人民法院决定对出庭作证的鉴定人采取不公开个人信息的保护措施的,审判人员应当在开庭前核实其身份,对鉴定人如实作证的保证书不得公开,在判决书、裁定书等法律文书中可以使用化名等代替其个人信息。

对于刑事诉讼中对鉴定意见的审查问题,《最高人民法院关于适用〈中华人民共和国刑事诉讼法〉的解释》(法释〔2021〕1号)第九十七条规定:"对鉴定意见应当着重审查以下内容:(一)鉴定机构和鉴定人是否具有法定资质;(二)鉴定人是否存在应当回避的情形;(三)检材的来源、取得、保管、送检是否符合法律、有关规定,与相关提取笔录、扣押清单等记载的内容是否相符,检材是否可靠;(四)鉴定意见的形式要件是否完备,是否注明提起鉴定的事由、鉴定委托人、鉴定机构、鉴定要求、鉴定过程、鉴定方法、鉴定日期等相关内容,是否由鉴定机构盖章并由鉴定人签名;(五)鉴定程序是否符合法律、有关规定;(六)鉴定的过程和方法是否符合相关专业的规范要求;(七)鉴定意见是否明确;(八)鉴定意见与案件事实有无关联;(九)鉴定意见与勘验、检查笔录及相关照片等其他证据是否矛盾;存在矛盾的,能否得到合理解释;(十)鉴定意见是否依法及时告知相关人员,当事人对鉴定意见有无异议。"

《最高人民法院关于适用〈中华人民共和国刑事诉讼法〉的解释》(法释〔2021〕1号)第九十八条规定:"鉴定意见具有下列情形之一的,不得作为定案的根据:(一)鉴定机构不具备法定资质,或者鉴定事项超出该鉴定机构业务范围、技术条件的;(二)鉴定人不具备法定资质,不具有相关专业技术或者职称,或者违反回避规定的;(三)送检材料、样本来源不明,或者因污染不具备鉴定条件的;(四)鉴定对象与送检材料、样本不一致的;(五)鉴定程序违反规定的;(六)鉴定过程和方法不符合相关专业的规范要求的;(七)鉴定文书缺少签名、盖章的;(八)鉴定意见与案件事实没有关联的;(九)违反有关规定的其他情形。"

1.5 法条索引

1.5.1 《中华人民共和国刑事诉讼法》(2018年修正)

第一百四十六条 为了查明案情,需要解决案件中某些专门性问题的时候,应当指派、聘请有专门知识的人进行鉴定。

第一百四十七条 鉴定人进行鉴定后,应当写出鉴定意见,并且签名。

鉴定人故意作虚假鉴定的,应当承担法律责任。

第一百四十八条 侦查机关应当将用作证据的鉴定意见告知犯罪嫌疑人、被害人。

如果犯罪嫌疑人、被害人提出申请，可以补充鉴定或者重新鉴定。

第一百四十九条 对犯罪嫌疑人作精神病鉴定的期间不计入办案期限。

第一百八十七条第二款 在开庭以前，审判人员可以召集公诉人、当事人和辩护人、诉讼代理人，对回避、出庭证人名单、非法证据排除等与审判相关的问题，了解情况，听取意见。

第一百九十二条第一款 公诉人、当事人或者辩护人、诉讼代理人对证人证言有异议，且该证人证言对案件定罪量刑有重大影响，人民法院认为证人有必要出庭作证的，证人应当出庭作证。

第一百九十二条第三款 公诉人、当事人或者辩护人、诉讼代理人对鉴定意见有异议，人民法院认为鉴定人有必要出庭的，鉴定人应当出庭作证。经人民法院通知，鉴定人拒不出庭作证的，鉴定意见不得作为定案的根据。

第一百九十七条 法庭审理过程中，当事人和辩护人、诉讼代理人有权申请通知新的证人到庭，调取新的物证，申请重新鉴定或者勘验。

公诉人、当事人和辩护人、诉讼代理人可以申请法庭通知有专门知识的人出庭，就鉴定人作出的鉴定意见提出意见。

法庭对于上述申请，应当作出是否同意的决定。

第二款规定的有专门知识的人出庭，适用鉴定人的有关规定。

1.5.2 《最高人民法院关于适用〈中华人民共和国刑事诉讼法〉的解释》(法释〔2021〕1号)

第九十九条 经人民法院通知，鉴定人拒不出庭作证的，鉴定意见不得作为定案的根据。

鉴定人由于不能抗拒的原因或者有其他正当理由无法出庭的，人民法院可以根据情况决定延期审理或者重新鉴定。

鉴定人无正当理由拒不出庭作证的，人民法院应当通报司法行政机关或者有关部门。

第一百条第三款 经人民法院通知，出具报告的人拒不出庭作证的，有关报告不得作为定案的根据。

第二百二十八条第一款 庭前会议可以就下列事项向控辩双方了解情况，听取意见：……(六)是否申请重新鉴定或者勘验；……(八)是否申请证人、鉴定人、有专门知识的人、调查人员、侦查人员或者其他人员出庭，是否对出庭人员名单有异议；……

第二百四十七条 控辩双方申请证人出庭作证，出示证据，应当说明证据的名称、来源和拟证明的事实。法庭认为有必要的，应当准许；对方提出异议，认为有关证据与案件无关或者明显重复、不必要，法庭经审查异议成立的，可以不予准许。

第二百四十九条第一款 公诉人、当事人或者辩护人、诉讼代理人对证人证言有异议，且该证人证言对定罪量刑有重大影响，或者对鉴定意见有异议，人民法院认为证人、鉴定人有必要出庭作证的，应当通知证人、鉴定人出庭。

第二百六十一条　向证人发问应当遵循以下规则：

（一）发问的内容应当与本案事实有关；

（二）不得以诱导方式发问；

（三）不得威胁证人；

（四）不得损害证人的人格尊严。

对被告人、被害人、附带民事诉讼当事人、鉴定人、有专门知识的人、调查人员、侦查人员或者其他人员的讯问、发问，适用前款规定。

1.5.3　《全国人民代表大会常务委员会关于司法鉴定管理问题的决定》(2015年修正)

二、国家对从事下列司法鉴定业务的鉴定人和鉴定机构实行登记管理制度：

（一）法医类鉴定；

（二）物证类鉴定；

（三）声像资料鉴定；

（四）根据诉讼需要由国务院司法行政部门商最高人民法院、最高人民检察院确定的其他应当对鉴定人和鉴定机构实行登记管理的鉴定事项。

法律对前款规定事项的鉴定人和鉴定机构的管理另有规定的，从其规定。

1.5.4　《中华人民共和国民事诉讼法》(2023年修正)

第十五条　机关、社会团体、企业事业单位对损害国家、集体或者个人民事权益的行为，可以支持受损害的单位或者个人向人民法院起诉。

1.5.5　《最高人民法院关于适用〈中华人民共和国民事诉讼法〉的解释》(2022年修正)

第二百八十二条　环境保护法、消费者权益保护法等法律规定的机关和有关组织对污染环境、侵害众多消费者合法权益等损害社会公共利益的行为，根据民事诉讼法第五十八条规定提起公益诉讼，符合下列条件的，人民法院应当受理：

（一）有明确的被告；

（二）有具体的诉讼请求；

（三）有社会公共利益受到损害的初步证据；

（四）属于人民法院受理民事诉讼的范围和受诉人民法院管辖。

第2章　出庭准备

2.1　出庭人员需对科学不确定性问题做充分的庭前准备

出庭人员必须对待证问题的科学不确定性做充分的庭前准备，对案件相关的科学数据、研究和模型等能通俗易懂、简明扼要地解释其含义、限制和可能的不确定性，以便在法庭上支持自己的观点。

2.1.1　基本案情[①]

千丈岩水库位于重庆市巫山县、奉节县和湖北省建始县交界地带。水库设计库容405万立方米，2008年开始建设，2013年12月6日被重庆市人民政府确认为集中式饮用水源保护区，供应周边5万余人的生活饮用和生产用水。

湖北省建始县毗邻重庆市巫山县，被告恩施土家族苗族自治州建始磺厂坪矿业有限责任公司（以下简称"建始磺厂坪矿业公司"）选矿厂位于建始县业州镇郭家淌国有高岩子林场，距离巫山县千丈岩水库直线距离约2.6千米，该地区属喀斯特地貌的山区，地下裂缝纵横，暗河较多。该公司硫铁矿选矿项目设计选矿能力60万吨/年原矿（20万吨/年硫精矿），主要选矿药剂为乙基钠黄药和2号油（发泡剂）。

建始磺厂坪矿业公司硫铁矿选矿项目于2009年编制可行性研究报告，2010年4月23日取得恩施土家族苗族自治州发展和改革委员会批复。2010年7月开展环境影响评价工作，2011年5月16日取得恩施土家族苗族自治州环境保护局环境影响评价批复。2012年开工建设，2014年6月基本完成，但水污染防治设施等未建成。

建始磺厂坪矿业公司选矿厂硫铁矿生产中因有废水和尾矿排放，属于排放污染物的建设项目。其项目建设可行性报告中明确指出尾矿库库区为自然成库的岩溶洼地，库区岩溶表现为岩溶裂隙和溶洞。同时，尾矿库工程安全预评价报告载明："建议评价报告做

---

① 《指导案例134号：重庆市绿色志愿者联合会诉恩施自治州建始磺厂坪矿业有限责任公司水污染责任民事公益诉讼案》，2020年1月14日，https://www.court.gov.cn/fabu/xiangqing/216961.html。

下列修改和补充:(1)对库区渗漏分单元进行评价,提出对策措施。(2)对尾矿库运行后可能存在的排洪排水问题进行补充评价。"但建始磺厂坪矿业公司实际并未履行修改和补充措施。直至2014年发生千丈岩水库水污染事件。

2014年8月10日,建始磺厂坪矿业公司选矿厂使用硫铁矿原矿约500吨、乙基钠黄药、2号油进行违法生产,产生的废水、尾矿未经处理就排入临近有溶洞漏斗发育的自然洼地。8月12日,巫山县红椿乡村民反映千丈岩水库饮用水源取水口水质出现异常,水呈灰黑色,有异味,感官上浊度高。巫山县启动突发环境事件应急预案。应急监测结果表明,被污染水体无重金属毒性,但具有有机物毒性,化学需氧量(COD)、铁(Fe)分别超标0.25倍、30.3倍,悬浮物高达260毫克/升。

重庆市相关部门将污染水体封存在水库内,对受污染水体实施药物净化等应急措施。湖北省相关部门组织建始磺厂坪矿业公司等人员用水泵等机械将洼地内废水、尾矿泥运往尾矿库,在洼地周边采用兴修引水沟渠、覆盖含水尾渣等措施实施清污分流、尾矿浆醺和、溶洞漏斗封堵。重庆市巫山县千丈岩水库水污染事件发生后,国务院及环境保护部高度重视。8月13日,环境保护部派出工作组赶赴现场,督促指导湖北、重庆两地妥善处置。湖北省委、省政府,重庆市委、市政府相继作出安排,湖北省环境保护厅、重庆市环境保护局分别派出工作组,联合开展现场应急应对工作。经过两地共同努力,8月18日,千丈岩水库水体及通过隧洞流入水库的地下水出水水质各项指标基本达标。巫山县政府也于当日在前期运水车临时供水的基础上,完成备用水源应急供水管网与既有管网的铺设、对接工作,基本满足四个乡镇居民两个月的生活用水。8月19日,巫山县政府宣布终止应急状态转入后续处置阶段。9月26日,巫山县全面恢复了从千丈岩水库供水。①

千丈岩水库水污染事件应急处置阶段结束后,环境保护部启动突发环境事件调查程序,成立了有关专家参加的部省联合调查组,经现场勘察、比对资料和组织专家论证,认定该事件为重大环境污染责任事件。经过评估,事件造成重庆市巫山县、奉节县共四个乡镇约5万人饮用水受到影响,直接经济损失334.32万元。肇事企业已被湖北省环境保护厅处以100万元罚款,且因涉嫌污染环境罪,其厂长程某已被司法机关批捕在押。同时,因日常监管职责落实不到位,恩施土家族苗族自治州环境保护局局长被免职,建始县环境保护局环境监察大队大队长被免职并处以行政警告处分。《环境保护部关于移交湖北建始县磺厂坪矿业公司废水泄漏致重庆巫山千丈岩水库环境污染事件相关材料的函》(环办便函〔2015〕34号)中称:建始县环保部门在2014年7月1日开展环境执法"零点行动"过程中,发现该项目在2014年6月18日有带料试车现象,现场监察人员对存在

① 《环境保护部公布千丈岩水库受污染事件调查结果》,2015年1月20日,https://www.mee.gov.cn/gkml/sthjbgw/qt/201501/t20150120_294598.htm。

的问题提出了监察意见，责令企业整改落实，但由于监察员对试生产行为界定不准确、处理不严格、发现问题不报告、跟进督导不及时，导致企业心存侥幸，未整改落实，于8月10日再次擅自试生产，最终导致事故发生，故监察人员对企业存在问题处理不严格，对企业具备违法试生产条件、随时可以重启试生产监督管理不到位，是造成事故发生的间接原因。

2014年9月4日，湖北省环境保护厅作出行政处罚决定，认定建始磺厂坪矿业公司硫铁矿选矿项目水污染防治设施未建成，擅自投入生产，非法将生产产生的废水和尾矿排放、倾倒至厂房下方的洼地内，造成废水和废渣经洼地底部裂隙渗漏，导致千丈岩水库水体污染。依据《湖北省水污染防治条例》第七十九条规定，责令停止生产直至验收合格，处罚款50万元；依据《中华人民共和国水污染防治法》第七十六条规定，责令停止违法行为，限期采取治理措施，消除污染，处罚款50万元。行政处罚决定作出后，建始磺厂坪矿业公司仅缴纳了罚款100万元，并未采取有效消除污染的治理措施，引发本次诉讼。重庆市人民检察院第二分院支持起诉。

一审判决被告建始磺厂坪矿业公司立即停止对巫山县千丈岩水库饮用水源的侵害，重新进行环境影响评价，未经批复和环境保护设施未经验收，不得生产；在判决生效后180日内，对位于恩施土家族苗族自治州建始县业州镇郭家淌国有高岩子林场选矿厂洼地土壤制定修复方案进行生态修复，逾期不履行修复义务或修复不合格，由建始磺厂坪矿业公司承担修复费用99.1万元；被告对其污染生态环境、损害公共利益的行为在国家级媒体上赔礼道歉，并支付重庆市绿色志愿者联合会（以下简称"重庆绿联会"）为本案诉讼而产生的合理费用及律师费共计15万元。

一审宣判后，被告不服，提起上诉。重庆市第二中级人民法院经审理后驳回上诉，维持原判。

2.1.2 出庭作证

对北京师范大学水科学研究院作出的鉴定评估报告的结论是否应该采信，成为本案审理的焦点问题之一。

经原告重庆绿联会申请，法院委托北京师范大学水科学研究院对千丈岩环境污染事件的生态修复及其费用予以鉴定。在案件审理过程中，重庆绿联会申请通知鉴定人出庭，就生态修复接受质询并提出意见。

鉴定评估报告称：(1)建始磺厂坪矿业公司系此次千丈岩水库生态环境损害的唯一污染源，责任主体清楚，环境损害因果关系清晰。(2)对《重庆市巫山县红椿乡千丈岩水库突发环境事件环境损害评估报告》评价的对水库生态环境没有造成长期的不良影响，无需后续生态环境修复，无需进行中长期损害评估的结论予以认可。(3)本次污染土壤的生态环境损害评估认定：9个月后，事发区域土壤中的乙基钠黄药已得到降解，不会对当地生态环境再次带来损害，但洼地土壤中的 Fe 污染物未发生自然降解，超出当地生态基线，短期内不能自然恢复，将对千丈岩水库及周边生态环境带来潜在污染风险，需采取人工干预方式进行生态修复。根据《突发环境事件应急处置阶段环境损害评估推荐方法》(环办〔2014〕118 号附件)，采用虚拟治理成本法计算洼地土壤生态修复费用约需 99.1 万元。(4)建议后续进一步制定详细的生态修复方案，开展事故区域生态环境损害的修复，并做好后期监管工作，确保千丈岩水库的饮水安全和周边生态环境安全。

2.1.3 意见采信

本案重点问题之一即对鉴定人资质的认定。被告认为，北京师范大学水科学研究院未纳入环境保护部《环境损害鉴定评估推荐及机构名录》，不具有鉴定环境损害的资质。建始磺厂坪矿业公司上诉期间提出：《最高人民法院关于审理环境民事公益诉讼案件适用法律若干问题的解释》对鉴定主体有明确的规定，一审法院以鉴定人是专家、是教授认定北京师范大学水科学研究院有鉴定能力、技术水平，从而认定鉴定有效，违反、曲解了该司法解释的规定，北京师范大学水科学研究院没有鉴定资格。

二审法院经审理认为，目前，环境侵权审判反映最突出的问题之一就是缺乏专业化的、具有公信力的环境损害鉴定机构。由于具备相应资质的司法鉴定机构极少，法院在审理环境侵权纠纷案件对外委托鉴定时，常常难以找到能够适应需要的环境损害司法鉴定机构。同时，因环境损害具有新型性、复杂性等特点，能够被委托的鉴定机构也常因没有相应的科学技术设备、环境监测技术以及专业人才，而没有能力实施相关鉴定。在现阶段，考虑到构建专门的环境损害司法鉴定体系尚需时日，在现有司法鉴定机构远不能满足环境司法现实需要的情况下，基于案件审理的需要，法院应当注意发挥各类鉴定、科研机构的优势。在没有专门司法鉴定机构，或司法鉴定机构的鉴定能力不能满足鉴定需要的情况下，可以依法委托具备鉴定能力的科研机构实施鉴定。北京师范大学水科学研究院是专门从事水环境研究的科研机构，主要鉴定人员为国家环境应急专家组专家、教授，有较强的专业技术优势，具有专业方面的权威性及作为第三方鉴定评估机构的中立性，具备对本案进行鉴定评估的相应技术能力及公信力，故一审委托北京师范大学水科学研究院对生态修复及其费用进行鉴定评估并无不当。

本案重点问题之二即对本案所涉污染土壤的生态环境损害评估。被告认为：(1)鉴定报告中以 Fe 元素为评价生态修复依据不妥。Fe 元素不是重金属，是对人体和动植物有益的元素，《土壤环境质量标准》(GB 15618—1995)也未将其作为土壤的控制性指标，鉴定结论不科学。(2)对洼地土壤的取样不科学，导致结论缺乏严谨的科学推理，鉴定程序违法。

在审理过程中，原告重庆绿联会申请通知鉴定人出庭，就生态修复接受质询并提出意见。鉴定人在出庭时就该重点问题作出了充分、合理的解释。鉴定人认为，土壤元素本身不是控制性指标，就饮用水安全而言，洼地土壤中的Fe的基线高于饮用水安全标准；建始磺厂坪矿业公司选矿厂所处位置地下暗河众多，地区降水量大，污染饮用水的风险较高。

二审法院经审理后认为，北京师范大学水科学研究院的鉴定评估报告选择洼地土壤中的Fe作为指标，判断其含量超标构成对饮用水水源的潜在污染风险，是有充分科学依据的。我国的《土壤环境质量标准》(GB 15618—1995)虽未将Fe作为土壤的控制性指标，但在《地表水环境标准》(GB 3838—2002)、《饮用水水源保护区污染防治管理规定》、《生活饮用水卫生标准》(GB 5749—2006)中均规定集中式饮用水源Fe低于0.3毫克/升，由此说明Fe含量是评价集中式饮用水源是否达标的指标之一。而本案中关于重大污染风险的评判正是针对饮用水安全而言，并非基于对土壤的污染。故鉴定评估报告依据充分，结论科学。

最终，鉴定评估报告得到专家意见的支持与认可，予以采信符合现有法律规定。作为三峡库区首例跨行政区域环境公益诉讼上诉案，该案入选最高人民法院2020年发布的第二十四批指导性案例。在环境民事公益诉讼中，人民法院判令污染者停止侵害的，可以责令其重新进行环境影响评价，在环境影响评价文件经审查批准及配套建设的环境保护设施经验收合格之前，污染者不得恢复生产。本案在某种程度上表达了基于科学的预防性原则的审判倾向。

三峡库区是长江流域重要生态屏障，巫山县千丈岩水库位于三峡库区腹地，其特殊的地理位置、地质、地貌与长江三峡的生态涵养息息相关。建始磺厂坪矿业公司违法生产行为已导致千丈岩水库污染，破坏了千丈岩地区水体、地下水溶洞以及排放废水洼地等生态环境，造成周边四个乡镇居民的生活饮用水困难，损害了公共利益。同时，建始磺厂坪矿业公司厂址选择有极大的地下水污染风险，且至今未建设水污染防治设施，虽然采取了应急处理措施，但潜在的污染风险和现实的生态污染依然存在。建始磺厂坪矿业公司称已经履行行政处罚，但仅缴纳了100万元罚款，并未采取有效的治理措施消除污染风险，修复生态环境，因此，重庆绿联会提起公益诉讼确有必要，符合追求生态正义的社会需求。污染物在特定的区域和复杂的地质条件下对周边生态环境污染的潜在风险极高，而建始磺厂坪矿业公司在裂隙和溶洞较多的喀斯特山区建设选矿厂，从地理条件的角度，显然具有极高的生态污染风险。本案中关于重大风险的评判也不是以其本身物理特性上含Fe的高或者低，而是对饮用水安全而言。北京师范大学水科学研究院的鉴定评估报告选择洼地土壤Fe作为指标，判断其含量超标构成对饮用水水源的潜在污染风险具有科学性、合理性。二审法院支持了一审法院的观点：鉴于千丈岩水库的重要性、作为一级饮用水水源保护区的环境敏感性及涉案项目对水库潜在的巨大污染风险，在应当作为重点环境保护目标纳入建设项目环境影响评价而未能纳入且客观上已经造成重大突发环境事件的情况下，考虑到原有的环境影响评价依据已经发生变化，出于对重点环境保护目标的保护及公共利益的维护，责令上诉人在考虑对千丈岩水库的环境影响的基础上重新对项目进行环境影响评价并履行法定审批手续显然是必要也是合理的。由于新增加了千丈岩水库这一需要重点考量的环境保护目标，导致原有的环境影响评价依据发生变化，在已发生重大突发环境事件的现实情况下，涉案项目在防治污染、防止生态破坏的措施方面显然也需要作出重大变动。

2.1.4 法律解析

本案与美国储备采矿公司案颇有相似之处。作为美国环境法的经典案例，在美国储备采矿公司案中，法院如何应对科学上的不确定性成为该案的核心问题。

从美国储备采矿公司案的事实上看，1947 年，储备采矿公司获得了第一张许可证，可临时将尾矿排放至苏必利尔湖①。1955—1980 年，储备采矿公司的工厂为生产铁矿球团每天向湖中倾倒67 000 吨采矿废物，使得明尼苏达州德卢斯西南方向 50 英里的水域变色，并形成了一个尾矿三角洲，其面积之大足以被称为苏必利尔湖历史上的一个大型地质事件。1968—1978 年，它被联邦和州行政机关及司法机关予以持续关注，仅联邦诉讼就持续了五年之久。该案件持续时间之久、影响之广泛，使之在“监管化学物质以防止其对人类健康构成威胁方面”成为经典案例，“为了作出判决，法院不得不详细分析当事人就科学问题展开的争议，并决定所适用的法律是基于已经证明的损害，具有补救性质的，还是预先性质的，以期在损害发生之前或人们彻底了解前避免损害的发生……其基于科学的预防性原则不断影响着对威胁人类健康和环境的有毒物质和行为的监管”②。

在建始磺厂坪矿业公司案中，主要鉴定人员出庭发表了专家意见并当庭接受了质询，北京师范大学水科学研究院的鉴定评估报告得到了专家意见的支持、认可与采信。

抛开来自政治、舆情等方面的压力因素看，在处理突发环境损害事件及司法审判中，在缺少标准甚至鉴定科学的支撑力量的情况下，如何应对科学的不确定性，体现法律对公众利益的保护及生态文明的价值取向，该案都作出了积极的尝试。

正如一审法院的判决所述，长江是中华民族的母亲河，也是中华民族发展的重要支撑。保护好三峡库区和长江母亲河，修复长江生态环境，事关国家发展大局，事关中华民族长远利益。千丈岩水库地处三峡库区腹地，环境状况直接关系长江生态屏障安全，直接关系长江沿岸公众的生命健康。

建始磺厂坪矿业公司及其公司副总经理程某，在水污染防治设施尚未建成的情况下，仍进行硫铁矿选矿设备试运行，并将含有乙基钠黄药成分的尾矿水直接排入一有裂

---

① 苏必利尔湖是美国五大湖区最大、最深的湖，也是世界上面积最大的淡水湖，水域面积 82 414 平方千米，湖面东西长 616 千米，南北最宽处 257 千米，最大深度 405 米，平均深度 147 米。

② [美]理查德·拉撒路斯、奥利弗·哈克：《环境法故事》，曹明德等译，中国人民大学出版社 2013 年版，第36～37 页。

隙的洼地，尾矿水经地下裂隙渗入重庆市巫山县集中式饮用水源保护区千丈岩水库，引发水体污染。建始磺厂坪矿业公司及程某均因犯污染环境罪受到刑事处罚[(2015)鄂建始刑初字第00103号刑事判决书]。

建始县环境监察大队系隶属建始县环境保护局管理的二级事业单位，其主要职能是对辖区内的污染源现场和新污染源的产生情况以及与污染防治有关的工程、设施、设备的建设、安装或运行进行经常性检查，及时发现、制止和依法处理环境违法行为。尹某作为县环境监察大队大队长，负责该队全面工作。2014年6月30日，建始县环境保护局按照上级安排，为贯彻落实《湖北省水污染防治条例》，召开专题会议对环保执法“零点行动”进行部署，要求7月1日零时开始对全县所有企业及建设工程项目进行地毯式排查，将全县划为三个片区进行执法检查，并成立了三个检查组。会后下发了环保执法“零点行动”实施方案，明确检查范围含水污染设施未建成、未验收或验收不合格，非法投入生产的企业。次日，尹某等检查建始磺厂坪矿业公司硫铁矿选矿建设项目时，发现该建设项目环保配套设施尚未建设完成，并在同年6月18日违法带料试生产。发现问题后，被告人尹某对存在的问题提出了监察意见，责令企业整改落实，但对违法带料试生产行为未准确界定。在7月4日召开的检查情况汇报会上，尹某未对检查中发现的环保配套设施未建成、违法带料试车情况进行汇报，亦未向相关领导报告，便以在“零点行动”检查过程中建始磺厂坪矿业公司无环境违法行为上报恩施土家族苗族自治州环境保护局。同月下旬，尹某仅到建始磺厂坪矿业公司总部对整改情况进行询问，未到建设项目现场进行跟进督导，致使公司未整改落实，并于同年8月10日再次带料试生产，违法排污，将含有乙基钠黄药成分的尾矿水直接排入厂区周边的洼地中，尾矿水经地下裂隙、渗坑渗入重庆市巫山县集中式饮用水源保护区千丈岩水库，引发水体污染，造成公私财产损失共计人民币250.49万元。2015年6月19日，尹某被逮捕。2016年2月2日被取保候审。法院经审理后认为，尹某身为建始县环境监察大队大队长，负有环境保护监督管理职责，在环境保护监督管理工作中，严重不负责任，导致发生重大环境污染事故，致使公私财产遭受重大损失，其行为构成环境监管失职罪。案发后，尹某主动投案，如实供述了犯罪事实，属自首，依法可对其从轻或减轻处罚。鉴于其犯罪情节轻微，可对其免予刑事处罚。2016年10月24日，判决其犯环境污染监管失职罪，免予刑事处罚。

2.1.5 鉴定相关

涉地表水与沉积物污染案件采用的鉴定方法主要是通过样品检测对污染进行调查确认，或对原因进行分析，或以应急监测数据作为基线确认污染水团迁移阶段等。例如，在陕西省“北洛河突发环境事件”应急处置阶段水环境损害评估案中使用的正是这种方法。

对于排放污染物的事实存在，生态环境损害观测或应急监测不及时等原因导致损害事实不明确或生态环境已自然恢复的情形，多采用虚拟治理成本法进行测算。

对于污染事件环境损害鉴定技术路线，湖南省在益阳市大通湖金北顺纸厂非法排放污染物案中的经验是：首先进行基础资料收集，经对居民、相关管理部门的走访调查，了解事件发生和应急处置情况，收集相关政策、文件、监测数据及其他有关信息；然后进行现场勘察分析，在此基础上判断非法排放危险废物事件造成环境损害的范围和程度，得出初步的环境损害司法鉴定意见；最后在充分听取相关专家的意见之后，形成环境损害司法鉴定意见。甘肃省在天水市张家川县龙山镇清水河（秦安五营马川桥断面）及其支流南河地表水水质污染司法鉴定案中的做法是：了解案件发生的前后过程、采取的措施以及当时环境监测站开展应急监测的布点采样及现场情况，从应急监测断面（点位）布设、采样时间、监测结果和污染物迁移等情况等进行全方位分析认定。

在对涉地表水与沉积物环境损害司法鉴定的研究中，一个不容忽视的问题是国际河流污染。这种问题的复杂性在于其不仅涉及环境保护、生态平衡等方面，而且与国际关系和地缘政治有着密切的联系。因此，对此问题的研究和解决需要从多个角度来着手。

第一，需要明确国际河流污染的定义和影响。国际河流是典型的跨境水体，其污染问题直接影响沿岸各国的生态环境和居民的生活。因此，国际河流污染的鉴定关键在于确定污染源和污染程度。这需要通过科学的鉴定方法，包括但不限于监测河流水质、分析沉积物成分、评估生物群落等方式，来全面了解河流的污染情况。

第二，国际河流污染的司法鉴定也需要考虑国际法。由于涉及多个国家的权益，这就要求在进行鉴定时，不仅要依据污染源所在国的法律，而且要考虑其他受影响国家的法律规定。这也反映了环境损害司法鉴定的一个重要原则——公正和公平。

此外，还要特别关注国际河流污染可能引发的国际争端。环境问题的国际化使得国际河流污染问题的解决不仅仅是科技问题，更是政治问题。因此，进行环境损害司法鉴定，也需要考虑到其可能引发的政治影响和社会反响。

总的来说，对涉地表水与沉积物污染的环境损害司法鉴定是一个跨学科、跨领域的复杂过程。特别是对于涉及国际河流的案件，更需要鉴定人全方位、多角度地进行分析和鉴定。这既是鉴定人面临的挑战，也是机遇。

2.1.6 补充阅读

案例：对废水超标排放致环境损害鉴定案①

关键词：司法鉴定　环境损害鉴定　废水地表水

2021 年 8 月 12 日，某地污染源监控系统显示某钢铁公司废水总排口化学需氧量

① 《司法部发布 2021 年度十大环境损害司法鉴定指导案例》，2022 年 6 月 5 日，https://www.moj.gov.cn/pub/sfbgw/jgsz/jgszjgtj/ggflfwglj/ggflfwgljtjxw/202206/t20220605_456583.html。

(COD)、氨氮浓度超标。经调取2021年5月1日0时至2021年8月31日23时污染源监控系统中该钢铁公司废水总排口在线监测数据，发现COD和氨氮多次出现超标情况。受某地生态环境局委托，江西新余司法鉴定中心对超标排放废水造成的环境损害进行鉴定。

鉴定人按照《生态环境损害鉴定评估技术指南　基础方法　第2部分：水污染虚拟治理成本法》(GB/T 39793.2—2020)确定的工作程序开展鉴定。根据监测数据，2021年5月1日0时至2021年8月31日23时，该公司总计超标排污时长为115小时，污水排放口监控点排放流量总计158 325.95吨。纳污水体为Ⅲ类水体功能，可用于农业灌溉，危害系数取1.5；因废水多个污染物超标，最大超标倍数为氨氮超标3.00倍，超标系数取1.25；超标排放行为发生在农业用水功能区，但未有监测数据表明引起渔业用水水质异常，环境功能系数取2，由此计算出调整系数为3.75。同时，根据污水处理厂该型废水治理成本及该钢铁公司自身处理成本，废水治理成本取1.523 3元/吨。综合以上数据，计算得到该公司排放超标废水造成的环境损害数额为904 417元。

本案采用虚拟治理成本法进行鉴定的要点如下：一是要明确该方法的适用情形，即排放污染物的事实存在，生态环境损害观测或应急监测不及时等原因导致损害事实不明确或生态环境已自然恢复，或是不能通过恢复工程完全恢复的生态环境损害，或是实施恢复工程的成本远远大于其收益的情形。二是调整系数计算需要综合考虑多种因素。

2.2　鉴定事项存在技术障碍可对委托按退件处理

如鉴定人认为鉴定事项存在技术性问题无法完成，可以决定对该项委托按退件处理。

2.2.1　基本案情[①]

2003年10月8日，杨某与原玉溪市红塔区春和镇黑村村民委员会一组签订了土地承包合同，约定由杨某承包位于彩虹路以南大沟片区21.5亩土地，主要用于种植苗木和养殖；承包期限为15年；承包费为每年每亩800元。随后，杨某在部分承包土地上建盖了大棚种菜。2005年，詹某从杨某处分包了部分土地开办空心砖厂。2010年8月19日，钟某从杨某处分包了土地(大棚地)10亩。同年12月1日，张某分别与钟某、杨某签订同样内容的承包合同，实际上是执行其与杨某签订的合同，即由张某向杨某分包土地

---

① (2014)玉中环民终字第2号，张某与詹某固体废物污染责任纠纷案，https://wenshu.court.gov.cn/website/wenshu/181107ANFZ0BXSK4/index.html? docId = q5nmPTFTik8aFTQr7IIHMP09 + hwQoEFbgtDAQDEjiS4x5V0e4aF + W5/dgBYosE2gMVEdmXOKNNIwPw1cccz7VJLWJd1RAYn7mqIKOE9YZoLqOXm0jOp/D8eufq + VwORe。

（大棚地）10 亩，用于栽种玫瑰花，并在花地北边建盖了部分工作用房和出入花地的大门。空心砖厂场地南面，部分与张某的花地相邻，部分与张某的工作用房相邻。玫瑰花地低于空心砖厂场地。2013 年 7 月 12 日下午 6 时大雨致使张某的花地被淹后，95％的玫瑰花出现不同程度的枯萎。次日至 9 月 10 日期间，张某先后向红塔区春和街道办事处黑村社区居委会、红塔区春和街道农业综合服务中心、红塔区春和街道司法所、红塔区春和街道环保中心、玉溪市公安局红塔分局春和派出所、红塔区环境监察大队反映并请求帮助解决。2013 年 8 月 20 日，张某以相邻排水纠纷向原审法院提起诉讼，请求判令詹某疏通排水沟，并赔偿花卉损失 100 000 元，随后张某申请撤回起诉。

2013 年 10 月 9 日，张某以固体废物污染责任纠纷向一审法院起诉，要求判令詹某赔偿其玫瑰花损失 50 000 元。诉讼中，张某申请变更诉讼请求：由詹某赔偿玫瑰花损失 1 497 408 元（按两桩花计算：66 000 株×5 枝×1.413 6 元＋66 000 株×5 枝×3.124 元），并将玫瑰花地恢复至污染前的原状。一审判决驳回了原告张某的诉讼请求。张某提起上诉，请求依法撤销（2013）玉红环民初字第 1 号民事判决。判决由被上诉人赔偿上诉人花卉损失1 497 408 元。判决由被上诉人清理上诉人玫瑰花地的污染物，恢复玫瑰花地原有生态环境。

二审法院认为，依据侵权责任法（现已被《中华人民共和国民法典》废止）的规定，因污染环境造成损害的，污染者应当承担侵权责任，其责任方式为排除危害、赔偿损失、恢复原状。污染环境责任属于特殊侵权责任，污染者承担无过错的侵权责任。因污染环境发生纠纷，污染者应当就法律规定的不承担责任或者减轻责任的情形及其行为与损害之间不存在因果关系承担举证责任。受害人需要举证证明污染者实施了污染环境的行为，自己遭受现实的损害。

在本案中，张某起诉主张，詹某生产空心砖产生的固体废物水泥、石粉、焦炭粉被雨水冲刷到玫瑰花地里，污染其栽种的玫瑰花导致枯萎，因此要求詹某承担侵权赔偿责任。

詹某否认有污染行为，否认其生产行为与玫瑰花的枯萎存在因果关系。经原审法院按照举证责任分配的规则进行释明，负有举证责任的双方当事人均同意由法院确定鉴定人。原审法院委托鉴定后，因鉴定人认为鉴定事项存在技术性问题无法完成，遂决定对该项委托按退件处理。在无法鉴定的情形下，因鉴定意见只是证据种类中的一类，本案应当根据自然规律和基本常识，结合查明的法律事实进行分析判断。

诉讼中，张某所举的证据和法院依职权调查取得的证据能证明以下情况。2013 年 7 月 12 日下午 6 时突降大雨后，张某栽种的玫瑰花被水浸泡了 2 小时左右，三天后，95％的玫瑰花出现了叶黄、花头下垂、干枯等情况。詹某生产空心砖的原料主要是水泥和沙子，玫瑰花地与空心砖厂场地高差明显以及排水设施缺失，下雨时场地上的残渣及粉尘必然随雨水流入花地。相关专业人员的证言可以证实，张某的玫瑰花枯萎是多种因素综合作用的结果，其中天降大雨导致大量的雨水进入玫瑰花地浸泡玫瑰花应当是主要原因，浸泡玫瑰花的水中含有空心砖厂的残渣及粉尘、采取补救措施不及时和不妥当等应当是次要原因;如果玫瑰花被雨水浸泡时是壮苗,一般不会死亡而只会出现枯萎、掉叶等,此时如果采取合理的排水措施并于随后采取修剪、施药等补救措施,就能使损失降到最低。所以,张某的玫瑰花损失只能计算当年7月实际被雨水淹泡的一垡。因其玫瑰花面积共7.24亩,每亩地一般栽种玫瑰花6 000株,每株一般生长2枝花,按当年8月的平均单价1.41元计算可得总价为122 500元,扣减其当年8月交易后的划账额8 758.62元后,张某的实际损失额应为113 741.38元。詹某所举证据和法院收集调查的证据不能排除空心砖产生的固体废物与玫瑰花枯萎之间存在一定因果关系,因此原审判决以张某提供的证据不能证明其玫瑰花受到损害,也不能证明詹某生产空心砖产生的固体废物被雨水冲刷到玫瑰花地里,以及生产空心砖产生的固体废物与玫瑰花枯萎之间是否存在因果关系的专门性问题无法鉴定,致使玫瑰花枯萎原因无法确定等理由,驳回张某的诉讼请求不当,二审应当予以纠正。因空心砖厂与玫瑰花地之间的排水设施缺失和空心砖厂的残渣及粉尘随雨水进入玫瑰花地,仅仅是玫瑰花受到危害的次要原因之一,所以,张某上诉请求判决由詹某赔偿其玫瑰花损失1 497 408.00元,无法律和事实依据,仅应对其合理部分诉求予以支持,即由詹某赔偿张某实际损失额的20%较妥;因无证据证明空心砖厂的残渣及粉尘随雨水进入玫瑰花地后有持续性污染的危害后果,所以,张某上诉请求判决由詹某清理玫瑰花地的污染物,恢复玫瑰花地原有生态环境的主张无理,应当予以驳回。

2.2.2 出庭作证

本案在一审审理过程中,张某认为詹某生产空心砖产生的固体废物水泥、石粉、焦炭粉被雨水冲刷到其栽种玫瑰花地里将其栽种的玫瑰花污染,导致玫瑰花枯萎,要求赔偿。原审法院就鉴定问题向双方当事人进行释明并征询了双方意见后,于2013年12月31日通过玉溪市中级人民法院司法技术处委托云南乾盛司法鉴定中心对损害后果、因果关系问题进行司法鉴定。2014年2月18日,云南乾盛司法鉴定中心书面函件云乾(2014)第13号《无法鉴定的情况说明》称:因鉴定事项存在技术性问题,经中心相关司法鉴定人员反复论证后,认为该鉴定工作无法完成,遂决定对该项委托按退件处理,并将鉴定材料退回。

2.2.3 意见采信

由于本案没有启动鉴定程序,二审法院认为,当事人可以就查明事实的专门性问题向人民法院申请鉴定。当事人申请鉴定的,由当事人协商确定具备资格的鉴定人;协商不成的,由人民法院指定。在无法鉴定的情形下,因鉴定意见只是证据种类中的一类,本案应当根据自然规律和基本常识,结合查明的法律事实进行分析判断。

2.2.4 法律解析

鉴定人应审慎鉴别委托事项。

在司法实务中，对于司法鉴定意见，有些法官存在依赖心理。一方面，有些问题确属专业技术性的问题，无法要求法官万事皆通；另一方面，由于考核指标的压力，鉴定意见书被当成裁决的依据和“最后一根稻草”。作为司法鉴定人，应当持续保有客观、科学的态度，对是否受理委托做好论证。

因未能获取云南乾盛司法鉴定中心关于技术性问题的论证信息，我们无法判断该技术性问题是否超出乾盛司法鉴定中心技术条件或者鉴定能力。但该案例的意义在于提示鉴定人应该正确对待鉴定意见适用的法律问题。

鉴定意见属于民事诉讼中的证据类型，指具备资格的鉴定人对民事案件中出现的专门性问题，通过鉴别和判断后作出的书面意见。① 对于鉴定意见性质及作用的理解，与司法鉴定人出庭作证密切相关，我们单独详述。值得注意的是，按照最新的民事诉讼证据规定，只有法院委托的司法鉴定机构作出的鉴定意见才属于民事诉讼中的法定证据，不包括当事人自行委托或者其他机关委托的鉴定机构作出的鉴定意见。刑事诉讼法中的鉴定启动者，除人民法院外，还可以是侦查机关与提起公诉的机关，这与民事诉讼法的规定不同。

司法判断是基于法律思维和日常经验法则等对法律和事实问题作出的判断，这是法官的职责，不能交由法官以外的任何人去判定。技术判断则是基于技术思维对案件审理中的专门性问题进行的判断，由于超出了法官的能力范围，往往需要委托专门的鉴定机构提出意见。

当前环境资源审判实践中不同程度地存在混淆技术判断和司法判断的现象，突出表现为一些法院在审理环境资源案件时存在过度依赖鉴定意见的倾向，对于鉴定意见不加分析地予以采信，这等于将专门性问题的审查判断权完全交给鉴定机构。

鉴定意见虽建立在一定科学事实基础之上，但本质上只是诉讼法规定的证据形式的一种，相较于其他证据形式，鉴定意见并没有取得“证据之王”的优越地位，仍需经庭审质证并经人民法院审查认定后方能作为定案证据。

技术判断只是司法判断的辅助性手段，只能对司法判断起到补强作用，并不能取代司法判断。法官要避免事实认定的司法权旁落，不能唯鉴定意见是从，不能为技术事实所迷惑，更不应存在以委托鉴定的形式推脱风险与责任的心理。②

---

① 王胜明主编：《中华人民共和国民事诉讼法释义》，法律出版社2012年版，第147页。

② 江必新：《在环境损害司法鉴定研究基地成立暨环境损害司法鉴定理论与实务研讨会上的讲话》(2016年11月12日)，最高人民法院环境资源审判庭编：《环境资源审判指导 2017年第1辑(总第4辑)》，人民法院出版社2018年版，第37～38页。

2.2.5 鉴定相关

危险废物相较一般工业废物，有毒有害物质成分更高，我国法律对危险废物的收集、储存、运输、利用、处置均有严格规定。近年来，危险废物污染案件时有发生，环境风险日益凸显，应该通过科学手段进行危险废物成分鉴定、环境毒性及生物毒性评估，为后期公安等部门立案、进一步调查以及完善证据链等提供有效可靠的依据。

该类案件主要是通过对物质的成分、危险特性等进行司法鉴定，以判定其是否属于危险废物。

在鉴定方法上看，对产生工艺进行分析，将分析结果与鉴定依据进行对比，是该类案件司法鉴定采用的主要方法。例如，天津市环境保护技术开发中心通过对生产工艺进行分析，将分析结果与《国家危险废物名录》或《危险废物鉴别标准 浸出毒性鉴别》(GB 5085.3—2007)中浸出毒性鉴别标准进行对比，判定该固体废物是否属于危险废物或是否具有浸出毒性特征。再如，河北沧州科技事务司法鉴定中心在某非法倾倒农药废液鉴定案中，对涉案公司农药溴虫腈生产工艺进行分析，并对其产生并倾倒的废液成分及危险特性是否合格进行鉴定。

关于检出物质相关性分析方法主要有以下几个：(1)对采集样品的理化特征进行观察，如江苏中宜金大分析检测有限公司司法鉴定所鉴定人员在某公司固体废弃物同源性分析鉴定案中，根据对采集样品的理化特征的观察以及现场采样过程中对堆放的固体废物的状态、气味等的分析，认为厂区车间内挖掘的填埋固体废物和公司固废仓库的固体废物气味相似，颜色状态相似，从感官上判断，厂区车间内挖掘的填埋固体废物和公司固废仓库的固体废物来源相似。(2)对废物化学成分进行特征分析。(3)通过色谱图分析废物所含物质成分和含量，并经统计学计算，进而得出鉴定结论。

关于损害量化方法，山东省在某废硫酸倾倒事件环境损害鉴定案中，对应急处置费用和生态环境损害费用进行了量化，其中应急处置费用包括污染控制费用和污染清理费用。浙江省则参考工程造价计费方式为修复项目的损害量化提供参考。如在某公司DMF废水(液)渗排事件鉴定案中，对涉及生态环境修复的项目，最终均需以工程的方式实施，而我国工程建设已形成规范化的工程造价计量及计价方法，因此，涉及修复项目量化可采取工程造价量化方式，保证量化费用科学合理。

在修复技术选取方面，浙江省在某公司DMF废水(液)渗排事件鉴定案中的经验是，在评估过程中，鉴定人充分考虑既不能影响企业生产又能保证污染的环境能得到修复的抽出处理技术＋监控式衰减技术。

在废水单位治理成本核算鉴定方法上，青海省在某公司生产废水非法排放环境损害司法鉴定案中采用了以下方法：对废水排放水质指标浓度进行分析，并询问涉事企业周边区域工业污水处理厂含镍废水处理情况，对可以处置的单位进行询价，取平均值作为含镍废水处理单价;根据偷排废水量及水的密度计算排放废水吨数,再根据废水排放河流水质类别,取相应的环境功能区敏感系数进行计算。

2.2.6　补充阅读

(1)案例 1:涉嫌走私再生黄铜货物的固体废物属性鉴定案①

关键词:司法鉴定　固体废物属性鉴别　黄铜丝　混合黄铜

2021 年,海关查获两单涉嫌走私再生黄铜货物,一单申报名称为黄铜丝,进口量为 9 350千克,一单申报名称为混合黄铜,进口量为 26 260 千克,两单货物初检鉴别均判定属于固体废物。受有关部门委托,生态环境部华南环境科学研究所华南环境损害司法鉴定中心对固体废物属性进行复检鉴别。

鉴定人根据《再生黄铜原料》(GB/T 38470—2019)和《固体废物鉴别标准　通则》(GB 34330—2017),对夹杂物含量、化学成分、金属总量、金属黄铜量、金属回收率等指标进行了鉴别。结果显示,申报名称为黄铜丝的货物各项指标满足《再生黄铜原料》(GB/T 38470—2019)的要求,不属于固体废物;申报名称为混合黄铜的货物金属黄铜量为 91.48%,不满足《再生黄铜原料》(GB/T 38470—2019)中混合黄铜金属黄铜量不小于 95.0%的要求,属于固体废物。

本案需要准确区分具有商品属性的再生黄铜原料与固体废物,鉴定人根据《再生黄铜原料》(GB/T 38470—2019),通过不同炉型、熔炼覆盖剂、清渣剂的对比试验,得到了准确的金属回收率数据。

再生黄铜作为一种原料,可满足部分企业生产需要,但其夹带的其他污染物也会造成环境污染和生态破坏。采用科学的方法界定高品质再生黄铜原料与铜及铜合金废料,对于保护生态环境具有重要意义。本案的意义在于,采用科学的测定方法,精确判定了混合黄铜的固体废物属性,为海关部门执法提供了技术依据。

(2)案例 2:对不明加工物性质鉴定案②

关键词:司法鉴定　污染物性质鉴定　固体废物　危险废物

2021 年,安徽省某生态环境局执法检查时,发现一厂区附近有浓烈异味,现场大门紧闭。执法人员将大门打开后发现疑似不明化工生产线,现场堆放大量装满不明液体的铁皮桶、吨桶及空桶,部分空桶上有残缺的危险废物、易燃易爆品等标签。经调查,现场为“三无”小作坊,工厂负责人自称利用乙酯、甲醇、丁酯、二甲苯、甲烷生产油漆、稀释剂、固化剂等化工原料,但无法提供相关环评许可、原料成分说明等资料。受该生态环境局委

① 《司法部发布 2021 年度十大环境损害司法鉴定指导案例》,2022 年 6 月 5 日,https://www.moj.gov.cn/pub/sfbgw/jgsz/jgszjgtj/ggflfwglj/ggflfwgljtjxw/202206/t20220605_456583.html。

② 《司法部发布 2021 年度十大环境损害司法鉴定指导案例》,2022 年 6 月 5 日,https://www.moj.gov.cn/pub/sfbgw/jgsz/jgszjgtj/ggflfwglj/ggflfwgljtjxw/202206/t20220605_456583.html。

托，安徽省环境科学研究院司法鉴定中心对涉案不明物质进行污染物性质鉴定。

鉴定人对现场进行了踏勘，根据《中华人民共和国固体废物污染环境防治法》和《固体废物鉴别标准　通则》（GB 34330—2017），判定涉案现场不明物质为固体废物，排除其产品或原料商品属性。同时，根据鉴别对象包装与存储情况，选取代表性样品进行测试分析，根据《危险废物鉴别技术规范》（HJ 298—2019）和《国家危险废物名录》（2021年版），查明涉案现场不明废物具有毒性（T），判定污染物性质属于危险废物，固体废物类别为废有机溶剂与含有机溶剂废物（HW06）。

本案需要对非法生产过程中使用的原料或加工出的所谓产品进行定性。因涉案不明物质为无任何环保手续的非法加工产物，无相关原料成分或产品质量说明，不属于合法的商品，检测成分含多种对环境或人体健康有毒有害物质，根据《固体废物鉴别标准　通则》（GB 34330—2017）4.1 i）“由于其他原因而不能在市场出售、流通或者不能按照原用途使用的物质”，可判定为固体废物。在对现场固体废物属性进行鉴别时，鉴定人根据现场物质情况或快速检测结果，结合案情与经验综合预判鉴定对象存在潜在危险属性，然后做出对应鉴别分析，判定固体废物为危险废物。

利用“三无”小作坊非法收集、处置或倾倒危险废物的案件时有发生，本案的意义在于，通过对不明物质性质进行鉴定，为管理部门执法提供了证据支持。同时，本案对不明物质定性及对不明固体废物危险属性确定的方法等可为办理同类案件提供参考。

（3）案例3：超标排污污染河水致养殖场鱼苗死亡鉴定案①

关键词：司法鉴定　超标排污　因果关系鉴定

2019年5月，五家水产养殖场向某人民法院提起诉讼，主张位于其水源河流上游的生猪养殖场超标排污导致鱼苗死亡。受人民法院委托，重庆市明镜司法鉴定所对河流水质情况与五家水产养殖场所养殖的鱼苗死亡之间是否存在因果关系进行鉴定。

生猪养殖场位于水产养殖场取水点上游，该河流为五家水产养殖场唯一取水源。河流水体特征污染物检测数据显示，氨氮、化学需氧量（COD）等水质指标均沿水流方向总体呈递增趋势，水体污染程度增加。生猪养殖场排污口位置分布在水产养殖场上游，污染物存在合理的迁移路径。对照《淡水水生生物水质基准——氨氮》（2020年版）及《淡水水生生物水质基准技术报告——氨氮》（2020年版）中鱼苗养殖氨氮长期致死浓度，水产养殖场水源水质氨氮指标明显偏高，长期使用该河水养育鱼苗会导致鱼苗死亡，从而确认河水水质与水产养殖场鱼苗死亡之间存在间接因果关系。

本案的鉴定要点：超标排污与鱼苗死亡之间是否存在因果关系需要全面判断。通过对河流水体特征污染物检测数据分析可知，河流水质指标氨氮浓度、COD浓度均随河道

① 《司法部发布2021年度十大环境损害司法鉴定指导案例》，2022年6月5日，https://www.moj.gov.cn/pub/sfbgw/jgsz/jgszjgtj/ggflfwglj/ggflfwgljtjxw/202206/t20220605_456583.html。

水流流向总体呈递增趋势，与生猪养殖场排污口分布情况相符，表明污染物存在合理的迁移路径。生猪养殖场位于五家水产养殖场取水点上游且该河流为五家水产养殖场唯一取水来源，可认定生猪养殖场排污行为与水产养殖场污染源引入存在间接关系。对照《淡水水生生物水质基准——氨氮》(2020 年版)和《淡水水生生物水质基准技术报告——氨氮》(2020 年版)，得出河水水质与水产养殖场鱼苗死亡之间存在间接因果关系。

本案是长江流域超标排污案件。通过案件办理，一是梳理了鉴定过程中的关键技术环节，为类似排污案件造成的生态环境损害鉴定提供借鉴和指导；二是为诉讼活动提供了证据支持，保障了相关企业的合法权益；三是有助于规范养殖企业的养殖行为，保护长江流域生态环境安全。

(4)案例 4：安徽国祯环境损害司法鉴定所对被处罚人何某涉嫌非法处置不明物属性进行环境损害鉴定案①

关键词：非法处置不明物属性鉴定　固体废物

2020 年 8 月，当事人何某将废油加工生产设备和部分废油原料运至某县某镇某村，非法从事废油加工。某县生态环境分局综合行政执法人员进行勘察时发现何某未办理环保手续，非法建设废旧油料加工点，在加工过程中有大量不明废液无组织排放，并流入厂区内外水沟造成环境污染。鉴定时，废油生产设备已全部拆除，仅可见一处损坏破旧厂房、12 个盛有不明物质的废旧铁桶和遗洒在地面的不明物质残留物等。

2021 年 9 月 28 日，安徽国祯环境损害司法鉴定所接受某县生态环境分局关于何某(废旧油料加工点)非法处置不明物质性质鉴定的委托。2021 年 9 月，安徽国祯环境损害司法鉴定所指派司法鉴定人前往现场踏勘，并向某县生态环境分局负责人了解案件相关情况。

根据现场踏勘情况及前期某县生态环境分局提供的不明废物检测报告等案件相关材料，司法鉴定人撰写鉴定意见书，经内部审核通过后向某县生态环境分局出具鉴定意见书，并将相关资料交由档案联络员整理后存档。

根据《中华人民共和国固体废物污染环境防治法》和《固体废物鉴别标准　通则》(GB 34330—2017)，涉案现场不明物质属于在生产、生活和其他活动中产生的丧失原有利用价值或者虽未丧失利用价值但被抛弃或者放弃的固态、半固态和置于容器中的气态的物品、物质，以及法律、行政法规规定纳入固体废物管理的物品、物质，符合固体废物定义，可以判定涉案现场不明物质为固体废物。

依据安徽实朴检测技术服务有限公司对现场涉案不明物质进行检测分析并出具的检测报告(SEP/HF/E/E218065、SEP/HF/E/E218065add)可知，采集的 6 个不明废物样

① 《安徽国祯环境损害司法鉴定所对被处罚人何某涉嫌非法处置不明物属性进行环境损害鉴定案》，https://alk.12348.gov.cn/Detail? dbID=56&dbName=SJYW&sysID=25879。

品经毒性物质含量鉴别检测，石油溶剂含量检测结果均满足《危险废物鉴别标准 毒性物质含量鉴别》(GB 5085.6—2007)"附录 B 中的一种或一种以上有毒物质的总含量≥3％"的限值，可以判断其具有毒性(T)；且超标份样数大于《危险废物鉴别技术规范》(HJ 298—2019)"表 3 检测结果判断方案"中超标份样数下限值 2，可判定本案现场所涉及固体废物为危险废物，具有毒性(T)。根据《国家危险废物名录》(2021 年版)，该危险废物可能为废矿物油与含矿物油废物(HW08)，或废有机溶剂与含有机溶剂废物(HW06)，或精(蒸)馏残渣(HW11)，准确的危险废物代码需根据进一步溯源分析确定。

(5)案例 5：重庆市明镜司法鉴定所对涉嫌非法捕捞水产品造成鱼类资源损失量、生态修复量进行环境损害鉴定案

关键词：非法捕捞　鱼类资源损失

2021 年，重庆市公安局某区分局在工作中发现某区多家餐馆贩卖长江流域野生鱼，经侦查发现是某区某水产市场经营门市的游某、程某等人，从某县通过杨某、吴某等人向当地人收购从长江重点支流某江捕获的野生鱼，再运回重庆市向多家餐馆售卖。同年 5 月 18 日，重庆市公安局某区分局对本案立案侦查。2021 年 7 月 18 日、12 月 20 日、12 月 21 日，游某、程某、杨某、吴某等 20 余名犯罪嫌疑人或被抓获或被通知到案。

2022 年 2 月 10 日，重庆市明镜司法鉴定所技术负责人、工作人员和鉴定助理等人前往某区人民检察院调阅相关资料，详细了解案情。

2022 年 2 月 11 日至 2022 年 3 月 4 日，鉴定人对所有涉案材料进行了详细分析，结合科研文献和专家咨询，评估了游某等人非法捕捞水产品的行为造成的鱼类资源的损失量，提出了后续生态修复方案并核算了生态修复量及其价值，给出了鉴定意见。

本案在鉴定非法捕捞的鱼类资源损失量时，主要参考了《水生野生动物及其制品价值评估办法》(中华人民共和国农业农村部令 2019 年第 5 号)。

首先，要明确涉案鱼类的生物分类和保护级别，论证其是否可以直接依据《水生野生动物及其制品价值评估办法》进行价值量核算。由于本案中主要涉案鱼类鳜鱼、黄颡鱼、大鳍鳠均未列入《国家重点保护野生动物名录》《重庆市重点保护水生野生动物名录》，因此在鉴定涉案渔获物的价值量时，并不能完全依据《水生野生动物及其制品价值评估办法》进行核算。

其次，要论证涉案鱼类的保护价值，确定鉴定方案。本案中非法捕捞的渔获物主要来自某县境内的某江，涉案鱼类在科研论文等文献资料中属于该流域优势土著鱼类。大数量的非法捕捞会对涉案水域的生物多样性的保育和流域生态平衡造成严重损害。结合专家意见判断出涉案鱼类具有较高的保护价值。同时，考虑到鳜鱼和黄颡鱼被列入我国《国家重点保护经济水生动植物资源名录》，大鳍鳠被列入《世界自然保护联盟濒危物种红色名录》，鉴定组认为可以参考《水生野生动物及其制品价值评估办法》及其附件《水生野生动物基准价值标准目录》中与其在系统发生关系上最近的水生野生动物基准价值

核算。

再次，要确定涉案鱼类资源价值量鉴定的基准价值。鉴定组按照生物分类学等级(属、科、目、纲)进行逐级借鉴，最终在《水生野生动物基准价值标准目录》中找到了在系统发生关系上与鳜鱼亲缘关系最近且基准价值最低的辐鳍亚纲鲈形目鱼类松江鲈鱼。松江鲈鱼的基准价值为 100 元/条。结合专家意见和前文论断，鉴定组综合考虑后认为涉案渔获物可以参考松江鲈鱼基准价值的一半(50 元/条)来作为核算本案涉案鱼类的整体生态价值的基准价值。

同时，根据本案非法捕捞鱼类的生物学特征，需对基准价值进行修正。鉴定组依据涉案鱼类的平均重量，查阅相关鱼类生物学研究文献资料，估算了涉案鱼类所处的发育阶段，对涉案鱼类的发育阶段系数进行修正。依据文献资料和专家意见，最终确定了约有 80％的鱼类达到成鱼水平，因此，在确定的基准价值的基础上，乘以 0.8 的发育阶段系数进行修正。

本案还分析了涉案人员交易关系网，构建渔获物非法交易网络图。由于在所有的交易次数中，时间和金额不能全部一一对应，因此鉴定组采用整体归类的办法构建了非法渔获物的交易网络图，并在各个链条上注明了涉案人员涉及鱼类的数量占比及其涉案金额占比，为司法部门对涉案人员的责任判定提供了有力的数据支持。

最后，本案的鉴定意见如下。非法捕捞的涉案鱼类共确定出了 12 种，其中以鳜鱼为主，其次为黄颡鱼和大鳍鳠。鳜鱼、黄颡鱼和大鳍鳠均不属于《国家重点保护野生动物名录》，也均不属于《重庆市重点保护水生野生动物名录》和《四川省重点保护水生野生动物名录》。非法捕鱼造成的生态环境损害量化数额共计 1 141 065 元，其中被捕捞的鱼类整体生态价值量为 1 014 280 元，进行生态恢复共需增殖放流鱼苗总价值量为 126 785 元。增殖放流的鱼苗种类可直接选择受损土著鱼类，本案鉴定组建议以鳜鱼为主(约 80％)，黄颡鱼和大鳍鳠次之(约 10％)，配合以其他鱼类(约 10％)。该非法捕捞行为对当地的鱼类自然资源造成了严重危害，应尽快通过增殖放流来辅助受损生态环境快速恢复。鉴定组建议在鳜鱼繁殖期的中后期(6～7 月)分批次(2～3 次)进行原位增殖放流。

2.3　鉴定人应本人出庭且需对鉴定费用作出说明

鉴定费用是基于鉴定人投入的时间、设备、材料及其进行的复杂分析工作而计算得出的费用。关于费用承担也可能成为争议的焦点问题，鉴定人对此应有所准备。

2.3.1 基本案情①

被告萍乡萍钢安源钢铁有限公司位于江西省萍乡市萍乡经济开发区高新技术工业园,始建于2003年,是一家以黑色金属冶炼、压延加工及金属制品为主的大型钢铁生产企业。2015年10月,原告重庆两江志愿服务发展中心在对江西省的工业污染调查中发现被告在生产过程中分别向大气环境排放黑烟,黄烟,黑、棕红色烟交替的污染物,对当地环境造成了严重的污染。在此后的回访中,发现该污染情况仍在持续进行。根据江西省污染源自行监测信息平台、江西省污染源环境监管信息平台相关数据,自2015年1月起,被告即长期持续地向大气外环境超标排放颗粒物等污染物,在定期监督性监测中显示多次超标。其中,江西省环境保护厅根据2014年废气国家重点监控企业监测的三次大气超标结果为:2014年9月28日颗粒物超标6.6倍,10月23日颗粒物超标0.5倍,11月13日颗粒物超标16倍。江西省2015年第四季度重点排污单位监测公告显示,2015年11月9日,被告的1#、2#烧结机机头颗粒物浓度为124,超标1.5倍。2015年6月至2018年4月,被告因废气超标排放,被萍乡市环境保护局和江西省环境保护厅分别多次予以行政处罚。仅萍乡市环境保护局先后对被告作出行政处罚决定就达19次之多,总计人民币1 910万元,其中包括2次按日连续处罚,违法超标排放的污染物颗粒物浓度高达6.49倍和5.69倍。被告被多次处罚后拒不改正,仍对外大肆超标排放污染物。

原告认为被告作为一个大型的钢铁生产企业,地处萍乡市中心城乡人群密集区,却长期、大量超标向大气环境排放污染物。经举报投诉、受到多次行政处罚后,仍未进行整改,对当地的生态环境造成了极为严重的侵害,对周围居民的生命健康和周边的环境状况造成了极大的危害,应承担相应的法律责任。江西省萍乡市人民检察院支持起诉。

本案历经一审、二审,江西省高级人民法院作出终审判决:被告萍乡萍钢安源钢铁有限公司不得超标向大气排放烟尘、二氧化硫等污染物;支付生态环境损害费9 665 779.62元,评估费23万元,共计9 895 779.62元;支付原告重庆两江志愿服务中心为本案调查和诉讼所支出的费用8 000元,驳回原告其他诉讼请求。

2.3.2 出庭作证

一是关于专家证人费用未予支持的问题。原告请求判令被告承担专家证人费用,但法院认为原告未能提交证据证明费用已经发生以及发生的合理性,同时也没有专家证人到场,故不予支持。

① (2018)赣03民初114号,重庆两江志愿服务发展中心与被告萍乡萍钢安源钢铁有限公司环境污染责任纠纷案,https://wenshu.court.gov.cn/website/wenshu/181107ANFZ0BXSK4/index.html? docId=py8FkeEzlwadce0zj9XMcC5z2Oiso5NOd7wrxErOgX6B4EMAryh3Np/dgBYosE2gMVEdmXOKNNIwPw1cccz7VJLWJd1RAYn7mqIKOE9YZo LqOXm0jOp/D8rwpcUuYo5s。

二是关于指导案例的适用问题。一审期间，经原告申请，萍乡市中级人民法院依法委托江西省环境保护科学研究院对被告在生产过程中超标排放废气造成的生态环境损害情况进行了评估。评估意见结果显示：2014 年 9 月至 2018 年 6 月，萍乡萍钢安源钢铁有限公司烟尘累计超标排放天数为 962 天，累计超标废气量为 7 172 627 893.97 立方米，累计超标排放量达 983 612.04 公斤，虚拟治理成本 2 499 833.25 元；二氧化硫累计超标排放天数为 505 天，累计超标排放废气量为 3 391 708 752.00 立方米，累计超标排放二氧化硫 1 349 580.10 公斤，虚拟治理成本 722 093.29 元；综上，萍乡萍钢安源钢铁有限公司在 2014 年 9 月至 2018 年 6 月，大气污染物烟尘和二氧化硫超标排放虚拟治理成本为 3 221 926.54 元，根据《突发环境事件应急处置阶段环境损害评估推荐方法》（环办〔2014〕118 号附件）附表 F-1《利用虚拟治理成本确定生态环境损害数额的原则》，本项目所在区域属于环境空气污染Ⅱ类区，环境空间损害数额是虚拟治理成本的 3～5 倍，鉴于废气累计超标排放时间长，环境空气损害严重，本次取最大值 5 倍，则量化环境空气损害数额为 16 109 632.70 元。

对此，被告辩称，该评估意见认定超排事实仅凭公司安装的自动监测设备在线监测数据认定，无其他证据佐证。在本案审理的过程中，一审法院依法传唤江西省环境科学保护研究院生态环境损害司法鉴定中心高级工程师谢某、江西省环境科学保护研究院生态环境损害司法鉴定中心工程师尹某到庭接受询问。

经审理后，一审法院认为，江西省环境保护科学研究院系于 2018 年 11 月 30 日取得司法鉴定许可证，业务范围包括环境损害司法鉴定，该评估意见可以作为认定案件事实的参考依据。[①] 但是，一审法院酌情认定按虚拟治理成本的 3 倍，即 9 665 779.62 元，计算生态损害赔偿数额。理由如下：(1)被告作为一家大型钢铁企业，扎根萍乡近 20 年，缓解了萍乡本地居民就业压力，有力地推动了萍乡经济发展。在提高产值的同时，萍乡萍钢安源钢铁有限公司也一直在为改善厂区环保设施、保护周边环境努力，自 2014 年 9 月起为新建、改建、扩建环保工程及购买环保设备，萍乡萍钢安源钢铁有限公司花费超 6 亿元。[②] (2)在充分考虑以上事实的基础上，根据《突发环境事件应急处置阶段环境损害评估推荐方法》（环办〔2014〕118 号附件）“附表 F-1 利用虚拟治理成本确定生态环境损害数额的原则”计算得到的环境损害可以作为生态环境损害赔偿的依据，被告萍乡萍钢安源钢铁有限公司所在区域为环境空气污染Ⅱ类区，环境空气损害数额是虚拟治理成本的

① 萍乡萍钢安源钢铁有限公司作为重点排污单位，应对其公司的自动监测设备数据的真实性和准确性负责，评估意见结果依据萍乡萍钢安源钢铁有限公司自动检测设备数据得出的数据结论符合法律规定，故对被告上述抗辩不予支持。

② 其中，在本案立案受理前，针对安源生产区内 180 平方米烧结机新建镁法烟气脱硫及湿电除尘工程累计投入 3 000 余万元；在本案立案受理后，其为安源生产区、湘东生产区内烧结机、高炉除尘系统，原料厂新建防风抑尘、棚化改造工程等投入 9 000 余万元，针对安源生产区 2×90 平方米烧结机除尘系统改造投入了 26 699 947.37 元，180 平方米烧结机除尘系统改造投入 366 万元。

3～5 倍,故取虚拟治理成本的 3 倍计算生态损害赔偿数额。

后原告不服提起上诉,认为一审判决以 3 倍的系数认定环境损害数额没有事实和法律依据,提出应以虚拟治理成本 4 倍以上的值计算生态损害修复费用,理由如下:(1)江西省环境保护科学研究所作出的《萍乡萍钢安源钢铁有限公司废气超标排放环境空气损害评估意见》,取最大值 5 倍量化环境空气损害数额,共计 16 109 632.70 元,符合客观、科学、公正、公平的原则。(2)萍乡萍钢安源钢铁有限公司在一审中所作的陈述和提交的证据表明,其所实施的环保设备的建设项目,仅是对原有的不能满足环保要求的设施所进行的加装和整改。这是任何一个生产型企业都必须完善的环保基本建设投入,是保证其能正常生产的一个必要条件。有关烟气除尘设施的新、改、扩建项目,萍乡萍钢安源钢铁有限公司至今都未能提交环评报批文件和项目验收报告予以证实。(3)萍乡萍钢安源钢铁有限公司建设的 3A 景区项目,实际上是其旅游经营所需。从其提交的证据可以看出,萍乡萍钢安源钢铁有限公司所称生态建设投入,无一项是针对环境保护而进行的设施设备改造费用。

原告同时提出,参照最高人民法院发布的指导案例 131 号(即中华环保联合会诉德州晶华集团振华有限公司大气污染责任民事公益诉讼案),本案具有超标排放累计时间较长、超标排放量较大、造成的危害更严重的情形,应以虚拟治理成本 4 倍以上的值计算生态损害修复费用。一审判决以低于虚拟治理成本 4 倍的值计算该费用,明显不公。

2.3.3 意见采信

针对虚拟治理成本倍数的认定是否合理的问题,二审法院认为,重庆两江志愿服务中心提及的最高人民法院指导案例 131 号(即中华环保联合会诉德州晶华集团振华有限公司大气污染责任民事公益诉讼案),并未对人民法院如何采信鉴定意见作出规范要求,而是结合案件实际情况行使了自由裁量权。一审法院在充分考虑萍乡萍钢安源钢铁有限公司为推动萍乡经济发展所作努力,及其自 2014 年 9 月起为新建、改建、扩建环保工程及购买环保设备投入较多,且生态环境损害赔偿的款项本身也是用于当地环境治理等情况,在评估意见的基础上,酌定萍乡萍钢安源钢铁有限公司按照虚拟治理成本的 3 倍承担生态损害赔偿数额,处理并无不当。

2.3.4 法律解析

环境民事公益诉讼案件承担责任的方式主要有六种:停止侵害、排除妨碍、消除危险、恢复原状、赔偿损失、赔礼道歉。环境权益具有公共权益的属性。从经济学角度而言,环境资源是一种综合性的财产;在美学层面上,优良的环境可以成为人的精神活动的对象。如果具体案件中的环境侵权行为侵害了社会公共的精神性环境权益,侵权人应当承担赔礼道歉的民事责任。

本案原告援引的参考案件，系我国首例大气污染环境民事公益诉讼案，该案入选最高人民法院2015年度环境侵权典型案例、2017年环境公益诉讼典型案例以及2020年第二十四批指导性案例。被告德州晶华集团振华有限公司依照生效裁决需赔偿因超标排放污染物造成的损失人民币2 198.36万元，用于德州市大气环境质量修复；另需在省级以上媒体向社会公开赔礼道歉。该案是新环境保护法实施后人民法院受理的首例针对大气污染提起的环境民事公益诉讼。

德州晶华集团振华有限公司（以下简称"振华公司"）成立于2000年，经营范围包括电力生产、平板玻璃、玻璃空心砖、玻璃深加工、玻璃制品制造等。该公司600T/D优质超厚玻璃项目2002年12月通过环境影响评价的审批，2003年11月通过"三同时"验收。该公司高档优质汽车原片项目2007年11月通过环境影响评价的审批，2009年2月通过"三同时"验收。

根据德州市环境保护监测中心站的监测，2012年3月、5月、8月、12月，2013年1月、5月、8月，振华公司废气排放均能达标。2013年11月，2014年1月、5月、6月、11月，2015年2月，二氧化硫、氮氧化物及烟粉尘存在超标排放情况。

德州市环境保护局分别于2013年12月、2014年9月、2014年11月、2015年2月对振华公司进行行政处罚，处罚数额均为10万元。2014年12月，山东省环境保护厅对其进行行政处罚，处罚数额为10万元。2015年3月23日，德州市环境保护局责令振华公司立即停产整治，2015年4月1日之前全部停产，停止超标排放废气污染物。原告中华环保联合会起诉之后，2015年3月27日，振华公司生产线全部放水停产，并于德城区天衢工业园以北养马村新选厂址，原厂区准备搬迁。

该案在审理阶段，为证明被告振华公司超标排放造成的损失，2015年12月，原告中华环保联合会与环境保护部环境规划院订立技术咨询合同，委托其对振华公司排放大气污染物致使公私财产遭受损失的数额，包括污染行为直接造成的财产损坏、减少的实际价值，以及为防止污染扩大、消除污染而采取必要合理措施所产生的费用进行鉴定。2016年5月，环境保护部环境规划院环境风险与损害鉴定评估研究中心根据已经双方质证的人民法院调取的证据作出评估意见。

振华公司位于德州市德城区市区内，周围多为居民小区，原有浮法玻璃生产线三条，1＃浮法玻璃生产线已于2011年10月全面停产，2＃生产线600吨/天优质超厚玻璃生产线和3＃生产线400吨/天高档优质汽车玻璃原片生产线仍在生产。

关于污染物性质，主要为烟粉尘、二氧化硫和氮氧化物。根据《德州晶华集团振华有限公司关于落实整改工作的情况汇报》有关资料显示：截至2015年3月17日，2＃生产线未安装或未运行脱硫和脱硝治理设施；3＃生产线除尘、脱硫设施已于2014年9月投入运行。

关于污染物超标排放时段的确认。二氧化硫超标排放时段为2014年6月10日至

2014 年 8 月 17 日，共计 68 天；氮氧化物超标排放时段为 2013 年 11 月 5 日至 2014 年 6 月 23 日、2014 年 10 月 22 日至 2015 年 1 月 27 日，共计 327 天；烟粉尘超标排放时段为 2013 年 11 月 5 日至 2014 年 6 月 23 日，共计 230 天。

关于污染物排放量。在鉴定时段内，由于企业未安装脱硫设施造成二氧化硫全部直接排放进入大气的超标排放量为 255 吨，由于企业未安装脱硝设施造成氮氧化物全部直接排放进入大气的排放量为 589 吨，由于企业未安装除尘设施或除尘设施处理能力不够造成烟粉尘部分直接排放进入大气的排放量为 19 吨。

关于单位污染物处理成本，根据数据库资料，二氧化硫单位治理成本为 0.56 万元/吨，氮氧化物单位治理成本为 0.68 万元/吨，烟粉尘单位治理成本为 0.33 万元/吨。

关于虚拟治理成本，根据《环境空气质量标准》(GB 3095—2012)、《环境损害鉴定评估推荐方法(第Ⅱ版)》(环办〔2014〕90 号附件)、《突发环境事件应急处置阶段污染损害评估技术规范》，本案项目处环境空气污染Ⅱ类区，生态环境损害数额为虚拟治理成本的 3～5 倍，本报告取参数 5，二氧化硫虚拟治理成本共计 713 万元，氮氧化物虚拟治理成本 2 002 万元，烟粉尘虚拟治理成本 31 万元。

综上所述，鉴定人得出鉴定结论。被告企业在鉴定期间超标向空气排放二氧化硫共计 255 吨、氮氧化物共计 589 吨、烟粉尘共计 19 吨，单位治理成本分别按 0.56 万元/吨、0.68 万元/吨、0.33 万元/吨计算，虚拟治理成本分别为 713 万元、2 002 万元、31 万元，共计2 746 万元。

德州市中级人民法院于 2016 年 7 月 20 日作出(2015)德中环公民初字第 1 号民事判决。(1)被告德州晶华集团振华有限公司于本判决生效之日起 30 日内赔偿因超标排放污染物造成的损失 2 198.36 万元，支付至德州市专项基金账户，用于德州市大气环境质量修复。(2)被告德州晶华集团振华有限公司在省级以上媒体向社会公开赔礼道歉。(3)被告德州晶华集团振华有限公司于本判决生效之日起 10 日内支付原告中华环保联合会所支出的评估费 10 万元。(4)驳回原告中华环保联合会其他诉讼请求。

2014 年 4 月，由第十二届全国人民代表大会常务委员会第八次会议修订通过的《中华人民共和国环境保护法》(自 2015 年 1 月 1 日起施行)公布，这是继环境保护法于 1979 年试行、1989 年正式施行后进行的首次修订。2014 年，振华公司被环境保护部点名批评，被山东省环境保护行政主管部门多次处罚。2015 年，中华环保联合会向德州市中级人民法院提起环境污染责任纠纷之诉。这背后的故事比裁判文书所能体现的要复杂得多。

该案的事实看起来简单而有力，一方是耗资巨大的玻璃深加工企业，一方是深受其空气污染之害的居民。这些简单的事实引发了忍耐利益的问题。振华公司虽投入资金建设脱硫除尘设施，但仍有两个烟囱长期超标排放污染物，造成大气污染，严重影响了周围居民生活。在 2013 年之前，该企业排放一直都是达标的，虽然暂无法查证从 2000 年成立到2015年被诉这十多年间是否曾有居民向其主张赔偿或进行过投诉、信访等活动，但玻璃厂附近的居民忍受了十多年被污染的空气，这应当是不争的事实。

从案件处理的过程来看，山东省德州市中级人民法院受理本案后，向振华公司送达民事起诉状等诉讼材料，向社会公告案件受理情况，并向德州市环境保护局告知本案受理情况。德州市人民政府、德州市环境保护局积极支持、配合本案审理，并与一审法院共同召开协调会。通过司法机关与环境保护行政主管部门的联动、协调，振华公司将全部生产线关停，在远离居民生活区的天衢工业园区选址建设新厂，启动老厂区搬迁工作。2015年9月21日，法院组织原、被告双方质证，就相关证据材料、被告整改情况等问题见面沟通、交换意见。

最高人民法院在发布的2015年环境侵权典型案例中对本案的典型意义是这样论述的：环境公益诉讼案件的审理，要依法协调环境保护与经济发展的关系，支持政府部门行使环境治理与生态修复职责，督促企业在承担环境保护义务与责任基础上更好地经营发展。本案是新环境保护法实施后人民法院受理的首例针对大气污染提起的环境民事公益诉讼。法院立案受理后，按照《最高人民法院关于审理环境民事公益诉讼案件适用法律若干问题的解释》和《最高人民法院、民政部、环境保护部关于贯彻实施环境民事公益诉讼制度的通知》的要求，及时与政府部门沟通，发挥司法与行政执法协调联动作用，促使被告及时停止污染行为，主动关停生产线，积极整改，重新选址，搬离市区，防止了污染及损害的进一步扩大，促进振华公司向节能环保型企业转型发展。本案虽然尚未审结，但上述做法符合环境公益诉讼案件的审理原则和工作要求，所取得的阶段性审理成效值得肯定。

再来看法院的裁判理由。法院生效裁判认为，根据《最高人民法院关于审理环境民事公益诉讼案件适用法律若干问题的解释》第一条规定："法律规定的机关和有关组织依据民事诉讼法第五十五条、环境保护法第五十八条等法律的规定，对已经损害社会公共利益或者具有损害社会公共利益重大风险的污染环境、破坏生态的行为提起诉讼，符合民事诉讼法第一百一十九条第二项、第三项、第四项规定的，人民法院应予受理。"第十八条规定："污染环境、破坏生态，已经损害社会公共利益或者具有损害社会公共利益重大风险的行为，原告可以请求被告承担停止侵害、排除妨碍、消除危险、修复生态环境、赔偿损失、赔礼道歉等民事责任。"法院认为，企业事业单位和其他生产经营者超过污染物排放标准或者重点污染物排放总量控制指标排放污染物的行为可以视为具有损害社会公共利益重大风险的行为。被告振华公司超量排放的二氧化硫、氮氧化物、烟粉尘会影响大气的服务价值功能。其中，二氧化硫、氮氧化物是酸雨的前导物，超量排放可致酸雨从而造成财产及人身损害，烟粉尘的超量排放将影响大气能见度及清洁度，亦会造成财产及人身损害。被告振华公司自2013年11月起，多次超标向大气排放二氧化硫、氮氧化物、烟粉尘等污染物，经环境保护行政管理部门多次行政处罚仍未改正，其行为属于司法解释规定的“具有损害社会公共利益重大风险的行为”,故被告振华公司是本案的适格被告。

本案中有着与美国著名的布默诉大西洋水泥厂案相似的问题:周围的居民有权利申请禁令来关闭该水泥厂,还是只能忍受自己土地价值的减损?法院应该将此争议视为周围居民之间的争议而加以解决,还是应该将其关注的焦点扩展到公共利益的范围?从德州振华案来看,法庭似乎选择了后者。而振华公司一审服判并未上诉,似乎一切都顺利解决,而印证了其典型意义。但这个故事并未随着案件审理的终结而结束。

抛开对本案中涉及的环境法规制对象的理论探讨,我们需要把关注的重点仍放在本案中的环境损害司法鉴定活动上。从严格意义上来说,司法鉴定意见属于证据的范畴,鉴定人仅就案件中的事实问题提供科学性的意见,鉴定意见是否具有证据资格和证明力,仍需法庭作出判断。从本案的裁决结果看,法庭几乎全盘接受了司法鉴定机构所作出的判断。但接下来的问题似乎很难给出答案:在环境损害赔偿案件中,法庭是否享有自由裁量权?自由裁量权行使的范围或者说法庭在平衡经济与环境价值方面究竟享有多少自由?2020 年 1 月 1 日施行的《中华人民共和国民法典》第一千二百二十九条至第一千二百三十五条,规定了环境污染和生态破坏责任。从中可以看出,民法典的施行,对环境损害司法鉴定活动的规范性要求也进一步提高,如污染物的种类、浓度、排放量,破坏生态的方式、范围、程度,以及行为对损害后果所起的作用等因素,成为共同侵权人划分责任大小的基础,可以想象,共同侵权人之间基于利益的博弈,或将体现为对鉴定意见极度的批判。又如,生态环境损害赔偿费用的认定范围包括生态环境受到损害至修复完成期间服务功能丧失导致的损失,生态环境功能永久性损害造成的损失,生态环境损害调查、鉴定评估等费用,清除污染、修复生态环境费用,防止损害的发生和扩大所支出的合理费用。其中,计算的标准、取费的依据、合理费用的支出等仍存在诸多的不确定性。再如,第一千二百三十二条规定了惩罚性赔偿责任,明确了惩罚性赔偿以“违反法律规定”为前提,以“故意”为主观要件,以“污染环境、破坏生态造成严重后果”为客观结果要件,如何界定严重后果,以及惩罚性赔偿的裁量,必将成为司法审判中的难点问题。鉴定意见如何体现以科学应对环境损害的不确定性,以及鉴定人、鉴定机构在出庭作证接受询问时如何阐释专业意见等问题,都有待于法律的进一步完善,以及实践的检验与经验的总结。

2.3.5 鉴定相关

涉大气污染案件的鉴定重点在于对污染物进行量化。吉林省运用烟气在线监测数据,将排放至环境空气的污染物,即烟气中的烟尘、二氧化硫、氮氧化物进行量化。在环境空气损害数额的评估方法选择上,由于锅炉烟气污染物超标排放事实存在,且大气环境已自然恢复,无法通过对当时的大气环境损害状况的观测来量化大气环境损害,吉林省依据《关于虚拟治理成本法适用情形与计算方法的说明》(环办政法函〔2017〕1488 号附件)使用虚拟治理成本法对环境空气损害数额进行评估。①

关于虚拟治理成本的计算方法，根据《突发环境事件应急处置阶段环境损害评估推荐方法》(环办〔2014〕118 号附件)，参照《中华人民共和国环境保护税法》(2018 年修正)计算虚拟治理成本，并充分考虑吉林省环境保护税应税大气污染物税额。

青海省的经验是通过实测法对工业污染源污染物排放量进行确认。辽宁省在鞍山某公司超标排放大气污染物事件环境损害鉴定案中，根据《环境损害鉴定评估推荐方法(第Ⅱ版)》，基于该公司焦炉排放口自动监测数据和锅炉运行工况核算鉴定时段内各排放口二氧化硫和氮氧化物超标排放量，调研二氧化硫和氮氧化物平均单位治理成本(含固定资产折旧)，采用虚拟治理成本法量化污染治理费用。

2.3.6　补充阅读

(1)案例 1：废液挥发致环境空气损害鉴定案②

关键词：司法鉴定　环境空气损害　虚拟治理成本法

某公司试验“化学合成多糖项目”产生了约 600 升废液。该公司将废液运至某山庄待拆除房屋内存放，割开装盛废液的塑料桶，加速桶内液体自然蒸发散味。为对废液中的有机组分挥发造成的环境空气损害数额进行评估，吉林中实司法鉴定中心受托进行了鉴定。

鉴定人员采用虚拟治理成本法对生态环境修复费用进行了鉴定评估。鉴定显示，该试验废液主要成分为吡啶、二甲基亚砜、甲苯、丙酮、二氯甲烷、氯仿，挥发至环境空气中的挥发性有机物(VOCs)为 600 千克。经计算，该公司试验废液挥发造成的环境空气污染修复费用为 100 800 元，加上清除污染费用、生态环境修复期间服务功能的损失、生态环境功能永久性损害造成的损失，以及生态环境损害赔偿调查、鉴定评估等合理费用，试验废液挥发造成的环境空气损害数额为 130800 元。

本案符合《环境损害鉴定评估推荐方法(第Ⅱ版)》虚拟治理成本法中“环境污染所致生态环境损害无法通过恢复工程完全恢复、恢复成本远远大于其收益或缺乏生态环境损害恢复评价指标的情形”，以及《关于虚拟治理成本法适用情形与计算方法的说明》中“排放污染物的事实存在，由于生态环境损害观测或应急监测不及时等原因导致损害事实不明确或生态环境已自然恢复”的情形。虚拟治理成本法量化了生态环境修复费用，为生态环境损害赔偿提供了依据。

2021 年实施的《中华人民共和国民法典》明确规定了生态环境损害赔偿责任。在生

---

①　本案是虚拟治理成本法适用的典型情况。

②　《司法部发布 2021 年度十大环境损害司法鉴定指导案例》，2022 年 6 月 5 日，https://www.moj.gov.cn/pub/sfbgw/jgsz/jgszjgtj/ggflfwglj/ggflfwgljtjxw/202206/t20220605_456583.html。

态环境损害赔偿案件中，通过鉴定评估确定生态环境修复费用、生态环境修复期间服务功能的损失、生态环境功能永久性损害造成的损失等，由损害实施人进行赔偿，体现了“环境有价，损害担责”的原则。

(2)案例2：废气超标排放致大气环境损害鉴定案①

关键词：司法鉴定　大气环境损害鉴定　废气超标排放

2020年12月，某市生态环境保护综合行政执法局等部门对某公司焦炉烟气进行监测，结果显示二氧化硫排放浓度为708毫克/立方米，超过《炼焦化学工业污染物排放标准》(GB 16171—2012)规定的二氧化硫排放浓度排放限值(50毫克/立方米)的13倍。受有关部门委托，重庆市正港司法鉴定中心对废气超标排放造成的大气环境损害进行鉴定。

鉴定人采用《环境影响评价技术导则　大气环境》(HJ 2.2—2018)推荐的预测模式进行鉴定。本案废气排放期间，二氧化硫最大落地浓度出现在距离焦炉烟囱底部中心1 160米处，最大落地浓度值为76.8微克/立方米，最大落地点浓度超过环境本底值(年平均浓度11微克/立方米)65.8微克/立方米，对周边环境空气质量造成损害。根据《生态环境损害鉴定评估技术指南　基础方法　第1部分：大气污染虚拟治理成本法》(GB/T 39793.1—2020)推荐的理论技术方法评估，最终计算超标排放二氧化硫造成的环境损害量化数额为336 518.28元。

由于鉴定时废气排放行为已经完成，且排放期间没有相关数据追踪，无法根据周边环境空气实时监测数据对周边空气环境的影响程度和范围进行还原，因此本案根据《环境影响评价技术导则　大气环境》(HJ 2.2—2018)相应技术导则推荐的估算模型进行预测模拟，以此确定是否对周边大气环境质量造成影响。

在空气污染环境损害鉴定中，大气环境污染损害的溯源一直是一个技术难点，本案根据《环境影响评价技术导则　大气环境》(HJ 2.2—2018)相应技术导则推荐的预测模式进行鉴定评估，为开展类似鉴定提供了借鉴。

2.4　本章小结

司法鉴定人是指运用科学技术或者专门知识对诉讼涉及的专门性问题进行鉴别和判断并提出鉴定意见的人员。司法鉴定人应当具备《司法鉴定人登记管理办法》规定的条件，经省级司法行政机关审核登记，取得司法鉴定人执业证，按照登记的司法鉴定执业类别，从事司法鉴定业务。司法鉴定人应当在一个司法鉴定机构中执业。

① 《司法部发布2021年度十大环境损害司法鉴定指导案例》，2022年6月5日，https://www.moj.gov.cn/pub/sfbgw/jgsz/jgszjgtj/ggflfwglj/ggflfwgljtjxw/202206/t20220605_456583.html。

司法鉴定机构是指从事《全国人民代表大会常务委员会关于司法鉴定管理问题的决定》第二条[①]规定的司法鉴定业务的法人或者其他组织。司法鉴定机构是司法鉴定人的执业机构，应当具备《司法鉴定机构登记管理办法》(司法部令第95号，2005年9月30日起施行)规定的条件，经省级司法行政机关审核登记，取得司法鉴定许可证，在登记的司法鉴定业务范围内开展司法鉴定活动。

关于司法鉴定的管理，《司法部关于〈司法鉴定机构登记管理办法〉第十一条和〈司法鉴定人登记管理办法〉第十条规定适用问题的批复》(司复〔2009〕17号)中明确指出：《司法鉴定机构登记管理办法》第十条和《司法鉴定人登记管理办法》第九条规定的有关管理职责的行政主体是省级司法行政机关。按照《司法鉴定机构登记管理办法》第十一条和《司法鉴定人登记管理办法》第十条规定，省级司法行政机关可以在两个规章规定的管理事项范围内，根据需要和条件，将有关管理事务性、辅助性的工作委托下一级司法行政机关办理，但对司法鉴定机构和司法鉴定人的审核登记职能、行政处罚职能以及部颁规章明确规定应由省级司法行政机关直接行使的其他职能，不能委托或下放给下一级司法行政机关行使。

《司法鉴定程序通则》于2016年修订。2017年，为贯彻落实《中共中央办公厅、国务院办公厅印发〈关于健全统一司法鉴定管理体制的实施意见〉的通知》(厅字〔2017〕43号)，切实加强司法鉴定管理和监督，提高司法鉴定质量和公信力，保障诉讼活动顺利进行，增强人民群众对公平正义的获得感，根据司法鉴定行业发展总体情况，司法部就司法鉴定严格准入、严格监管等有关工作发布文件[②]，严惩违规执业行为。明确提出：将司法鉴定监督管理权限合理下放至地(市)级司法行政机关，完善行业协会自律监督管理工作机制，提高监督管理总体效能。制定司法鉴定违法违规行为处罚规则，细化处罚情形、加大处罚力度，对关系鉴定、人情鉴定、金钱鉴定或者鉴定意见存在严重质量问题，严重损害司法鉴定行业形象和公信力的行为，要坚决追究责任，严肃处理。发现鉴定机构、鉴定人存在严重违法违规行为的，依法撤销登记。严格对鉴定机构、鉴定人执业活动的监督，对违反《司法鉴定程序通则》等有关规定的，依法给予处罚。加强司法鉴定社会信用体系建设，将鉴定机构、鉴定人的行政处罚信息，依托司法行政机关官方网站，向社会公开披露。

① 国家对从事下列司法鉴定业务的鉴定人和鉴定机构实行登记管理制度：(一)法医类鉴定；(二)物证类鉴定；(三)声像资料鉴定；(四)根据诉讼需要由国务院司法行政部门商最高人民法院、最高人民检察院确定的其他应当对鉴定人和鉴定机构实行登记管理的鉴定事项。法律对前款规定事项的鉴定人和鉴定机构的管理另有规定的，从其规定。

② 《司法部关于严格准入 严格监管 提高司法鉴定质量和公信力的意见》(司发〔2017〕11号)，2017年11月22日，https://www.moj.gov.cn/policyManager/policy_index.html? showMenu=false&showFileType=2&pkid=86d922d7432a46c6b876ec38b7a95a91。

根据相关数据[①]，2016 年以来，依据《司法鉴定程序通则》作出行政处罚的案件共 18 例，其中 2017 年 3 例，2018 年 10 例，2019 年 5 例；在 18 例处罚中，针对个人的有 12 例。针对司法鉴定机构或者司法鉴定人执业活动的投诉，《司法鉴定执业活动投诉处理办法》（司法部令第 144 号，2019 年 6 月 1 日起施行）中明确了投诉受理范围："（一）司法鉴定机构组织未取得《司法鉴定人执业证》的人员违规从事司法鉴定业务的；（二）超出登记的业务范围或者执业类别从事司法鉴定活动的；（三）司法鉴定机构无正当理由拒绝接受司法鉴定委托的；（四）司法鉴定人私自接受司法鉴定委托的；（五）违反司法鉴定收费管理规定的；（六）违反司法鉴定程序规则从事司法鉴定活动的；（七）支付回扣、介绍费以及进行虚假宣传等不正当行为的；（八）因不负责任给当事人合法权益造成损失的；（九）司法鉴定人经人民法院通知，无正当理由拒绝出庭作证的；（十）司法鉴定人故意做虚假鉴定的；（十一）其他违反司法鉴定管理规定的行为。"

有下列情形之一的，不予受理："（一）投诉事项已经司法行政机关处理，或者经行政复议、行政诉讼结案，且没有新的事实和证据的；（二）对人民法院、人民检察院、公安机关以及其他行政执法机关等在执法办案过程中，是否采信鉴定意见有异议的；（三）仅对鉴定意见有异议的；（四）对司法鉴定程序规则及司法鉴定标准、技术操作规范的规定有异议的；（五）投诉事项不属于违反司法鉴定管理规定的。"

2.5 法条索引

2.5.1 《中华人民共和国环境影响评价法》（2018 年修正）

第二十四条第一款 建设项目的环境影响评价文件经批准后，建设项目的性质、规模、地点、采用的生产工艺或者防治污染、防止生态破坏的措施发生重大变动的，建设单位应当重新报批建设项目的环境影响评价文件。

2.5.2 《司法鉴定程序通则》（司法部令第 132 号）

第十二条 委托人委托鉴定的，应当向司法鉴定机构提供真实、完整、充分的鉴定材料，并对鉴定材料的真实性、合法性负责。司法鉴定机构应当核对并记录鉴定材料的名称、种类、数量、性状、保存状况、收到时间等。

诉讼当事人对鉴定材料有异议的，应当向委托人提出。

本通则所称鉴定材料包括生物检材和非生物检材、比对样本材料以及其他与鉴定事项有关的鉴定资料。

① 数据系威科先行通过《司法鉴定程序通则》（2016 年修订）相关的行政处罚，反向检索而得。

第十四条 司法鉴定机构应当对委托鉴定事项、鉴定材料等进行审查。对属于本机构司法鉴定业务范围，鉴定用途合法，提供的鉴定材料能够满足鉴定需要的，应当受理。

对于鉴定材料不完整、不充分，不能满足鉴定需要的，司法鉴定机构可以要求委托人补充；经补充后能够满足鉴定需要的，应当受理。

第十五条 具有下列情形之一的鉴定委托，司法鉴定机构不得受理：

（一）委托鉴定事项超出本机构司法鉴定业务范围的；

（二）发现鉴定材料不真实、不完整、不充分或者取得方式不合法的；

（三）鉴定用途不合法或者违背社会公德的；

（四）鉴定要求不符合司法鉴定执业规则或者相关鉴定技术规范的；

（五）鉴定要求超出本机构技术条件或者鉴定能力的；

（六）委托人就同一鉴定事项同时委托其他司法鉴定机构进行鉴定的；

（七）其他不符合法律、法规、规章规定的情形。

第十七条 司法鉴定机构决定不予受理鉴定委托的，应当向委托人说明理由，退还鉴定材料。

2.5.3 《中华人民共和国大气污染防治法》(2018年修正)

第二十五条 重点排污单位应当对自动监测数据的真实性和准确性负责。生态环境主管部门发现重点排污单位的大气污染物排放自动监测设备传输数据异常，应当及时进行调查。

2.5.4 《最高人民法院关于审理环境民事公益诉讼案件适用法律若干问题的解释》(2020年修正)

第二十条 原告请求修复生态环境的，人民法院可以依法判决被告将生态环境修复到损害发生之前的状态和功能。无法完全修复的，可以准许采用替代性修复方式。

人民法院可以在判决被告修复生态环境的同时，确定被告不履行修复义务时应承担的生态环境修复费用；也可以直接判决被告承担生态环境修复费用。

生态环境修复费用包括制定、实施修复方案的费用，修复期间的监测、监管费用，以及修复完成后的验收费用、修复效果后评估费用等。

第二十四条 人民法院判决被告承担的生态环境修复费用、生态环境受到损害至修复完成期间服务功能丧失导致的损失、生态环境功能永久性损害造成的损失等款项，应当用于修复被损害的生态环境。

其他环境民事公益诉讼中败诉原告所需承担的调查取证、专家咨询、检验、鉴定等必要费用，可以酌情从上述款项中支付。

第3章 作证任务

3.1 鉴定人的资质易成争议焦点

目前,鉴定人的专业资质几乎成为最广泛存在的庭审争议焦点。这直接影响鉴定结果的准确性和法庭对鉴定意见的采信度,鉴定人出庭作证时需要应对任何可能的质疑。

3.1.1 基本案情①

被告单位池州市某精细矿业科技有限公司(以下简称"矿业公司")成立于2011年4月22日,被告人刘某系法定代表人,被告人陈某原系副总经理。2015年8月5日,被告单位安徽某物流园有限公司成立,自成立之日起,被告人刘某直接负责公司日常工作。2015年9月22日,被告单位池州市某道路运输有限公司成立,自成立之日起,被告人郑某直接负责公司日常运营。

2015年10月,刘某与郑某约定由郑某处理矿业公司生产所产生的尾矿,郑某先后以池州市某矿产品贸易有限公司、池州市某矿产品贸易公司的名义与池州市某水泥股份有限公司(以下简称"水泥公司")签订买卖合同,将矿业公司的部分尾矿与其他公司的尾矿掺和后销售至水泥公司。因矿业公司的尾矿未达到水泥公司进场物料中铁含量标准,水泥公司拒收矿业公司尾矿,致使矿业公司的尾矿无法处理、大量堆积在公司场地,影响该公司正常生产。为了公司能够正常生产,刘某、郑某于2016年下半年商定,由郑某安排池州市某道路运输有限公司将部分尾矿由矿业公司厂区送至安徽某物流园有限公司露天场地堆放,所运送尾矿均由陈某通知发货。截至2017年8月,池州市某道路运输有限公司陆续运输20 000吨尾矿至物流园露天场地堆放,至2018年3月,物流园堆置物污染环境事件案发,堆放期间未采取地面硬化、防扬尘、防渗漏等防护措施。

2018年3月27日,池州市贵池区环境保护局对安徽某物流园有限公司场地上堆放

---

① (2018)赣03民初114号,池州市某精细矿业科技有限公司、安徽某物流园有限公司、池州市某道路运输有限公司等污染环境罪案。

的物料予以立案调查，因矿业公司等三家单位涉嫌犯罪，于2018年4月2日将案件移送至池州市公安局贵池分局立案侦办。被告人刘某、郑某、陈某均系通知到案，归案后如实供述了犯罪事实。

一审法院审理后判决各被告构成污染环境罪并处罚金。(1)被告单位池州市某精细矿业科技有限公司犯污染环境罪，判处罚金人民币100万元。(2)被告单位安徽某物流园有限公司犯污染环境罪，判处罚金人民币100万元。(3)被告单位池州市某道路运输有限公司犯污染环境罪，判处罚金人民币20万元。(4)被告人刘某犯污染环境罪，判处有期徒刑四年，并处罚金人民币20万元。(5)被告人陈某犯污染环境罪，判处有期徒刑二年六个月，缓刑三年六个月，并处罚金人民币20万元。(6)被告人郑某犯污染环境罪，判处有期徒刑三年，并处罚金人民币20万元。同时，判决被告单位池州市某精细矿业科技有限公司、安徽某物流园有限公司、池州市某道路运输有限公司连带赔偿固废污染应急处置费用430.535 7万元、固废污染处理技术服务费900万元；按环境保护部南京环境科学研究所制定的方案自行实施物流园生态恢复工程；逾期则连带赔偿生态恢复费用1 344.936万元。被告单位还应就本次污染环境行为在安徽省级媒体公开向社会道歉。该案部分被告提起上诉被驳回。

安徽某物流园有限公司认为原判在事实认定、法律适用、诉讼程序等方面均存在严重错误，要求改判申诉人无罪，并驳回附带民事公益诉讼起诉人的诉讼请求，先后向安徽省池州市中级人民法院、安徽省高级人民法院提出申诉未果。

3.1.2 出庭作证

本案案发时，经池州市贵池区环境保护局委托，环境保护部南京环境科学研究所对安徽某物流园内共计24 000吨固体堆置物属性、应急处置、生态环境损害分别出具了属性鉴定报告、应急处置方案、环境损害司法鉴定报告。

南京环境科学研究所认为，物流园内矿业公司的堆置物可认定为含有害物质的固体废物；对物流园内堆置物和污染土壤、堆置场地淋溶水和渗滤液需尽快清运至有处置能力的单位进行处置，共计产生应急清理与处置费用534.094 1万元，其中涉矿业公司固废处置费用为430.535 7万元；物流园生态环境恢复费用估算为1 613.923万元。

被告人提出司法鉴定报告的鉴定人，即南京环境科学研究所不具有鉴定资格，并将其列为上诉、申诉的理由之一。

3.1.3 意见采信

对此，该案二审法院认为，环境保护部南京环境科学研究所具有鉴定资质，其接受池州市贵池区环境保护局委托作出鉴定报告，程序合法，其作出的环境损害司法鉴定报告作为本案证据使用并无不当，相关上诉人及辩护人所提该鉴定报告不能作为定案证据的上诉理由与辩护意见，二审法院不予采信。安徽省高级人民法院认为，原环保部南京环境科学研究所在环境保护部《环境损害鉴定评估推荐机构名录（第二批）》中，也在环境保护部推荐的《固体废物属性鉴别机构名单》中，具备相应的鉴定资质。鉴定机构依据其专业知识、专业水平，在允许选择的标准和基线中选择鉴定所依据的标准和基线，不违反相关法律规定，不能据此推断鉴定报告存在严重错误。

3.1.4 法律解析

在目前涉环境损害司法鉴定案件中，鉴定机构、鉴定人资格问题常成为争议焦点。

司法鉴定意见属于证据的范畴，鉴定意见能否具有证据资格和证明力并最终被采纳是首要问题。鉴定人在接受委托时，如不具备对鉴定事项的鉴定资格，会导致法院对鉴定结论不予支持，则鉴定结论也将不能作为证据使用。在最高人民法院发布的指导案例130号重庆市人民政府、重庆两江志愿服务发展中心诉重庆某物业管理有限公司、重庆某环保科技有限公司生态环境损害赔偿、环境民事公益诉讼案中，法院认为鉴定机构（重庆市环境科学研究院）系环境保护部《环境损害鉴定评估推荐机构名录（第一批）》中确立的鉴定评估机构，委托其进行本案的生态环境损害鉴定评估符合司法解释之规定，其具备相应鉴定资格。

比如，在太仓市某电线电缆有限公司与苏州某金属制品有限公司大气污染责任纠纷案[（2016）苏05民终4077号]中，原告太仓市某电线电缆有限公司在一审期间提供了华碧公司的司法鉴定书，证明发黑铜丝样品中检测出Fe、S元素，不能排除铜丝发黑与被上诉人排污行为之间没有直接因果关系。但因华碧公司不具备环境损害司法鉴定资质，一审法院在诉讼中委托江苏省科技咨询中心，对被告苏州某金属制品有限公司的排污行为与原告的产品质量问题是否存在直接的因果关系，重新进行司法鉴定。二审法院对华碧公司鉴定报告所涉相关内容均不予支持。二审期间，原告申请专业人员钱某、周某及检测人王某、史某出庭，被告申请专业人员曾某出庭，二审法院依法传唤鉴定人员出庭作证，鉴定人贺某、刘某到庭。庭审中，法院组织上述专业人员就本案专门性问题进行相互对质及对检测人王某、史某和鉴定人贺某、刘某进行质询。

该案三个焦点问题分别为：涉案司法鉴定中江苏省科技咨询中心及其聘请的专家是否具有相关鉴定资质，涉案鉴定程序是否严重违法，以及涉案鉴定结论依据是否充分。对此，法院认为，检测是鉴定过程中所采取的一种技术方法，目的是获得真实、准确、科学的数据，鉴定人据此进行研究、分析及判断并提出鉴定意见。涉案检测事项外包是否构成严重程序违法，衡量的主要标准应为SGS上海公司出具的检测数据是否科学、准确、客观，是否会影响鉴定结论的科学性、准确性、公正性。

《司法部、环境保护部关于规范环境损害司法鉴定管理工作的通知》（司发通〔2015〕年118号）第二条规定："环境损害司法鉴定是指在诉讼活动中鉴定人运用环境科学的技术或者专门知识，采用监测、检测、现场勘察、实验模拟或者综合分析等技术方法，对环境污染或者生态破坏诉讼涉及的专门性问题进行鉴别和判断并提供鉴定意见的活动。”这些专门性的问题包括：确定污染物的性质；确定生态环境遭受损害的性质、范围和程度；评定因果关系；评定污染治理与运行成本以及防止损害扩大、修复生态环境的措施或方案等。

《全国人民代表大会常务委员会关于司法鉴定管理问题的决定》(2015年修正)规定："司法鉴定是指在诉讼活动中鉴定人运用科学技术或者专门知识对诉讼涉及的专门性问题进行鉴别和判断并提供鉴定意见的活动。"《司法鉴定程序通则》第二条规定："司法鉴定是指在诉讼活动中鉴定人运用科学技术或者专门知识对诉讼涉及的专门性问题进行鉴别和判断并提供鉴定意见的活动。司法鉴定程序是指司法鉴定机构和司法鉴定人进行司法鉴定活动的方式、步骤以及相关规则的总称。"

在环境损害司法鉴定尚未纳入国务院司法行政部门统一的司法鉴定登记管理前，在司法实务中，就鉴定人资格问题，法院采取了比较宽松的认定，如在山东某实业股份有限公司、曲某等环境污染责任纠纷[最高人民法院(2014)民申字第1782号]①中，最高人民法院认为：鉴于目前环境损害鉴定尚未纳入国务院司法行政部门统一的司法鉴定登记管理范围，法院在征得双方当事人同意后，由双方当事人共同选定、共同采样，委托山东省农业科学院中心实验室检测，虽然山东省农业科学院中心实验室计量认证合格证书因未参加年检而过期，二审法院在本案已不具备重新鉴定条件的情况下，结合有关职能部门为该鉴定机构重新颁发合格证书等事实，综合分析本案其他证据，对上述鉴定结论予以采信，并无不当。

从实践来看，影响鉴定主体资格的因素包括：鉴定人本身的资质情况，鉴定人的产生是否由当事人共同指定或者人民法院指定，鉴定人的鉴定范围及鉴定人的鉴定能力等。"凡是发现鉴定人不具有法定资格的，均应当将其所作的鉴定意见从可采的证据中予以排除，并不需要通过鉴定人出庭的方式来耗时费力地解决。"②

从《人民法院司法鉴定人名册制度实施办法》第二条、第十七条和第十八条规定来看，当事人共同协商指定的鉴定人在司法鉴定人名册当中可以作为司法鉴定人有鉴定资格的依据，司法鉴定人未在司法鉴定人名册当中不必然导致司法鉴定人丧失鉴定资格并且最终导致鉴定意见无法被采纳。但就涉环境案件而言，鉴于环境损害鉴定现已纳入国务院司法行政部门统一的司法鉴定登记管理范畴，则《环境损害鉴定评估推荐机构名录》或将成为司法实务中判定鉴定人资格的重要依据。

---

① 案由：环境污染责任纠纷。审理程序：再审。

② 最高人民法院民事审判第一庭编著：《最高人民法院新民事诉讼证据规定理解与适用》(下)，人民法院出版社2020年版，第708页。

3.1.5 鉴定相关

鉴于人民法院对于鉴定意见是否超出鉴定机构业务范围进行实质性审查，对于超出的鉴定意见将不予采纳，故而环境损害司法鉴定机构应当在其本机构的司法鉴定业务范围内开展司法鉴定业务并出具司法鉴定意见。

《中华人民共和国民事诉讼法(2023 年修正)》第六十六条第二款规定："证据必须查证属实，才能作为认定事实的根据。"鉴定意见作为法定证据的一种，也须经过查证属实，才能作为认定事实的根据。这主要基于以下两个方面的原因：(1)司法鉴定意见是客观性与主观性的统一。鉴定意见以科学知识为基础，是科学实验与科学研究的结果，因此，鉴定意见具有客观性。但是，鉴定人对于知识的掌握可能有欠缺，不同的鉴定人，知识结构、专业能力、工作经验各异，因此，鉴定意见也呈现一定的主观性。(2)鉴定意见具有不确定性。鉴定意见的不确定性源于两个方面：其一，科学是发展的，科学自身也存在一定的不确定性。其二，收集资料中的不确定性也会在一定程度上导致鉴定意见的不确定性。

3.2 鉴定人在出庭作证时需对鉴定方法作出必要的解释与说明

在出庭作证时，鉴定人需对其所采用的鉴定方法进行必要的解释与说明。这有助于法庭理解鉴定的科学依据，提高鉴定结果的可信度和接受度。

3.2.1 基本案情①

北京某酒店管理有限公司(以下简称"酒店管理公司")于 2015 年 4 月 8 日完成工商注册，并在北京市大兴区某 12 号院 15 号楼地上第 5 层经营连锁酒店。北京某娱乐有限公司(以下简称"娱乐公司")在该楼第 4 层经营量贩式 KTV。

因认为遭受噪声污染损害，酒店管理公司在提起民事诉讼前委托北京京环建环境质量监测中心进行噪声检测。鉴定机构于 2016 年 4 月 20 日作出检测报告，该报告载明检测地址为北京市大兴区某 12 号院 15 号楼连锁酒店，检测日期为 2016 年 4 月 15 日，检测项目为社会生活环境噪声排放，主要声源为旁边 KTV，噪声状态为声源正常，声环境功能区为 2 类，检测依据为《社会生活环境噪声排放标准》(GB 22337—2008)，检测时间为夜间 22 时 40 分至 23 时 10 分，参考限值为 35 分贝，检测房间为 8505 室(45.1 分贝)和 8580 室(52.5 分贝)。相关噪声检测数据已经超出正常噪声参考限值。

双方协商未果。2017 年，酒店管理公司以噪声污染责任纠纷的案由将娱乐公司诉至

① (2020)京 02 民终 231 号，北京某娱乐有限公司与北京某酒店管理有限公司噪声污染责任纠纷案。

法院，要求：“(1)被告对经营的KTV采取整改措施，消除对原告的噪声污染；(2)被告自2015年7月8日起每日赔偿3 255元至噪声消除之日止；(3)鉴定费、案件受理费由被告承担。”一审法院于2017年12月13日作出判决：被告采取整改措施消除对原告的噪声污染，在消除噪声污染前，每月按照4 000元的标准(自2016年5月4日开始计算)赔偿原告营业损失，承担鉴定费5 000元。

被告不服提起上诉。2018年6月25日，二审法院裁定将本案发回重审。二审法院认为，一审法院就被告的实际营业时间、原告的损失情况未查清，认定相应赔偿数额依据不足，应进一步查实侵权的时间以及损失数额；一审判决主文第一项缺乏具体执行标准，对于具体整改标准、整改时间应予以明确。

一审法院依法另行组成合议庭公开开庭进行了审理后，判决被告：(1)对其所经营的位于北京市大兴区某12号院15号楼地上第4层的量贩式KTV采取降噪措施，使上述KTV的经营噪声在传导到原告所经营的位于北京市大兴区某12号院15号楼地上第5层的连锁酒店时，达到《社会生活环境噪声排放标准》所规定的结构传播固定设备室内噪声排放限值(等效声级)以下，即昼间(6时至22时)不超过40分贝、夜间(22时至次日6时)不超过30分贝；(2)在消除噪声污染前，按照每日1 000元的标准(自2015年7月20日起算)赔偿原告营业损失；赔偿原告鉴定检测费7 500元。被告提起上诉。二审法院驳回上诉，维持了一审判决。之后，被告向北京市高级人民法院提起申诉未果。

3.2.2 出庭作证

本案所涉纠纷，先后经过两次噪声鉴定。酒店管理公司在提起民事诉讼前委托北京京环建环境质量监测中心进行噪声检测。对该检测报告，被告不予认可，称“鉴定行为是原告自行委托，不同意承担鉴定费”。在审理过程中，原告申请重新鉴定。法院根据原告申请通过北京市高级人民法院随机摇号选定鉴定机构，但因相关单位没有噪声鉴定资质没有委托成功。后经法院协调，原告又委托北京中环天成环境监测中心对涉案房屋进行噪声情况鉴定。

针对相关鉴定结论，被告申请鉴定人出庭作证。

一是关于对鉴定结论的解释。鉴定人表示，即使按照最低的噪声污染构成标准，其选取的5个声音波段的指标已经有3个超标，分别为125Hz超出7分贝，250Hz超出9分贝，500Hz超出6分贝，已经构成噪声污染(主要声源为KTV营业噪声)。

二是关于选取8505室的理由。鉴定人表示，8505室的位置属于受到噪声污染最明显的一个房间，其他房间可以参照上述检测结果考虑，并且其选取晚间进行鉴定属于双方营业的重合时间，且宾馆的主要功能是提供人睡眠，选取该睡眠时段具有科学性。

三是关于具体损失认定。鉴定人表示，对于以住宿为主的旅馆来说，上述噪声对被告营业损失有一定影响，但其无法量化，需要法院根据证据依法裁判。

3.2.3 意见采信

在重审本案过程中，法院组织当事人勘验现场，经现场勘验，在位于4层的量贩式KTV经营时(下午4时许)，酒店部分房间内噪声明显。法院后采信了鉴定结论。

3.2.4 法律解析

在本案二审审理期间，就“损害赔偿数额的认定”这一焦点问题，二审法院认为：被告虽不认可鉴定结论，但其未提供相反证据推翻该鉴定结论，且被告提供的建设项目竣工环境保护验收监测报告表中噪声验收标准为《社会生活环境噪声排放标准》(GB 22337—2008)，该标准与鉴定机构适用的标准一致。原一审中，经被告申请，鉴定人亦出庭对鉴定结论进行了解答释疑，故予以支持。

涉及新类型环境损害司法鉴定时，鉴定人更应充分掌握出庭作证的程序性法律要求。

一方面，从既有案例来看，我国目前对鉴定意见的法庭质证重视程度已大大提高，虽然环境损害鉴定人出庭作证整体比例不高，但趋势已逐渐显现，即从原来涉及较多的鉴定资格、鉴定程序等问题逐渐扩大到鉴定步骤、方法、原理、依据、标准以及鉴定意见的客观真实性与证明力等问题上来。伴随鉴定意见质证内容和方法有了新的变化，鉴定人作证重点也开始向“对鉴定意见质疑进行解释与说明”方向发展。

另一方面，各地专家库不断建立、更新，专家辅助人制度不断发展、完善，也对环境损害司法鉴定人出庭作证活动提出了新的挑战。质证主体有权申请专家辅助人就鉴定意见协助其法庭质证，换言之，未来在法庭上，由非专业人员向鉴定人发问的情形或将减少，代之以更高层次的内行人来辅助发问。在这种情形下，并不需要推翻全部鉴定意见，只要找到鉴定的瑕疵甚至些许差错，令法庭对鉴定意见的科学性、专业性产生“合理怀疑”就够了。也就是说，出庭作证“走过场”“敷衍”“专业术语战术”或以保密为由拒绝回答应予回答的问题的作证形式，可能都会导致鉴定意见被不予采信。

例如，在某电信服务合同纠纷案[(2020)吉01民终1430号]中，于某1将其持有的电话号码(六连号手机号码……111111)过户给于某2。后非电信公司原因导致于某2无法继续使用该电话号码。于某2认为电信公司给其造成了损失，遂将电信公司诉至法院。本案基本法律关系如图1所示。

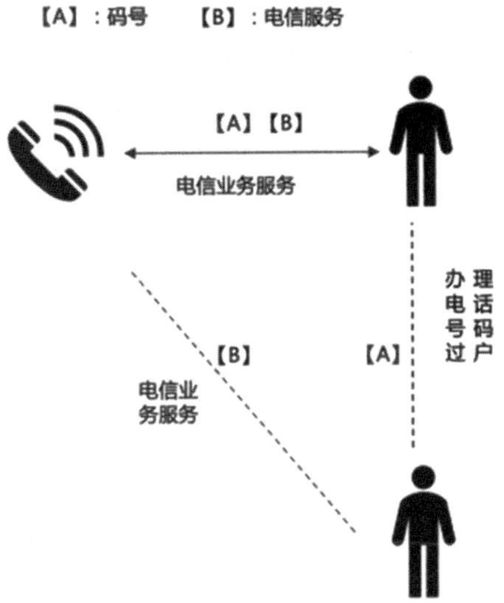

图 1　案件基本法律关系

就电话号码的财产价值，一审法院委托辽宁新天衡资产评估有限公司进行评估。

鉴定机构根据本次评估目的、市场条件等，采用市场法对电话号码的价值进行了评估，并出具评估意见报告书。

评估结论：截至评估基准日 2019 年 8 月 23 日，长春市朝阳区人民法院委估的标的物的评估价格为人民币 145 442.03 元。

一审法院认为，该评估意见系经鉴定机构实地查勘、市场调查与询证所作出，电信公司虽有异议，但其不能提出有效证据证明该评估意见报告书的违法性或提出有效的解决争议的办法，故对评估结论予以采信。电信公司不服上诉。在二审期间，电信公司对鉴定评估意见质疑。

第一，手机号码不是商品，而是码号资源，不属于《中华人民共和国价格管理条例》中的价格[①]范畴，其所承载的经营性服务的收费标准才受该条例的规制。手机号码不具备财物属性，所谓"特殊号码"或"靓号"，"是一种社会心理认知，并无明确的法律界定"[②]，依法不应当启动资产价格评估的司法鉴定程序。于某 2 为了证明案涉手机号码的财产价值，向人民法院提出的鉴定申请，没有法律依据。

第二，针对案涉"手机号码的价值"，鉴定机构出具的评估意见报告书的结论不应予以采信。理由如下。

---

① 《中华人民共和国价格管理条例》第五条规定："本条例所指的价格包括：(一)各类商品的价格；(二)各种经营性服务的收费标准(以下简称收费标准)。"《中华人民共和国价格管理条例》第六条规定："商品价格构成包括生产商品的社会平均成本、税金、利润以及正常的流通费用。"

② 《工业和信息化部答网民关于"手机'靓号''特殊号码'选号费或占用费"的留言》，2020 年 11 月 10 日，https://www.gov.cn/hudong/2020-11/10/content_5557286.htm。

首先，评估意见报告书的评估范围与委托鉴定项目内容不符。众所周知，价值与价格，为截然不同的两个概念。《综合类委托鉴定（拍卖）登记表》显示鉴定项目为“对手机号码……111111 的价值进行鉴定”。而评估意见报告书所载的评估范围为“手机号码……11111 的价格”（见评估意见报告书第 5 页），即“自愿买方和自愿卖方在各自理性行事且未受任何强迫的情况下，评估对象在评估基准日进行正常公平交易的价值估计数额”（见评估意见报告书第 6 页）。可见，鉴定机构是在评估转让案涉手机号码可能获取的钱财数额，并非评估手机号码的具体价值，这违反了《司法鉴定程序通则》第十四条“司法鉴定机构应当对委托鉴定事项、鉴定材料进行审查”的程序性要求。退一步讲，即使好的号码因为有一定的市场需求，可以作为一种特殊的商品在特定的场合交易，机主能够据此获取经济利益，但手机号码的具体价值是无法确认的。

其次，评估意见报告书采用的评估方法与其评估依据的要求不符。评估意见报告书采用的方法系市场法（见评估意见报告书第 7 页）。虽然手机号码过户并不少见，但这并不代表手机号码作为商品，存在着合法的且发育充分的交易市场，该评估方法不符合《吉林省价格认定操作规范》4.1 款规定的适用条件①。而从市场法的运用②规范来看，针对案涉手机号码，因其资源的稀缺性，客观上也不可能存在大量的交易实例。故，即使鉴定机构对鉴定事项的理解不存在偏差，其对案涉手机号码采用的评估方法，也缺少科学性、客观性、公正性。

再次，评估意见报告书中的评估价格，不是于某 2 的直接损失。按照《〈企业会计准则第 6 号——无形资产〉应用指南》③，案涉手机号码不是于某 2 的无形资产，将手机号码本身的灭失认定为于某 2 无形资产的损失，于法无据。且评估意见报告书中亦声明：评估结论不应当被认为是对评估对象可实现价格的保证。（见评估意见报告书第 2 页第七项）这就意味着，即便案涉手机号码具有交易价格，于某 2 也未必能以评估意见报告书得出的价格当然找到“买家”，于某 2 能否获得该利益尚未可知，更不能将其认定成订立电信服务合同时就能预见到的于某 2 可能获得的交易机会的金额。

最后，将评估意见报告书作为司法鉴定意见予以采信，对规范电信行业管理、保障广大电信用户的合法权益不利。从 2019 年 11 月《全国法院民商事审判工作会议纪要》精神来看，类案、指导案例的参考价值日益凸显。我国工信部已明确“倒卖”电话卡是违反

---

① 《吉林省价格认定操作规范》“4.1 市场法”中规定的市场法的适用条件是：（1）交易市场发育充分；（2）参照物及其与价格认定标的可比较的指标、技术参数等资料可以收集到。

② 《吉林省价格认定操作规范》：“4.1.3 运用市场法，应准确搜集大量交易实例，掌握正常市场价格行情，根据价格认定标的状况和价格认定目的，从搜集的交易实例中选取 3 个或者 3 个以上的可比实例。选取的可比实例应符合下列要求：（1）与价格认定标的相同或类似；（2）成交日期与价格认定基准日期相近，不宜超过一年；（3）成交价格为正常价格或可修正为正常价格。”

③ 《〈企业会计准则第 6 号——无形资产〉应用指南》第一条第二款：“无形资产主要包括专利权、非专利技术、商标权、著作权、土地使用权、特许权等。”

电信行业管理要求的行为，如采信评估意见报告书的证据效力，等于认可了手机号码可以根据市场交易价格进行价值评估的做法，进而认定手机号码“具有财物属性”“存在市场价格”，这无疑将助长“靓号”“吉祥号”倒卖之风，损害广大电信用户公平获得电信服务机会的合法权益。从电信经营者的视角看，电信服务合同的标的，可能就不仅仅是电信服务了，或也可及于电话号码本身（因可以评估作价），这显然是荒谬的，也与我国《电信条例》规定相悖。

综上，评估意见报告书不应作为本案的证据，结论不应予以采信。

二审法院经审理后认为，根据国际通行的《国际评估准则》的界定，资产评估中的市场价值是指资产在评估基准日公开市场上最佳使用状态下最有可能实现的交换价值的估计值，辽宁新天衡资产评估有限公司在评估时采用该方法作出的评估意见报告书所形成的鉴定结论与本案客观事实不符，不应予以采信。撤销一审民事判决，驳回于某2的全部诉讼请求。

3.2.5 鉴定相关

在室内噪声损害鉴定方面，在黑龙江省某高层室内噪声损害鉴定案中，鉴定人员采用在次卧设置一个检测点，根据检测报告结果，对照《社会生活环境噪声排放标准》(GB 22337—2008)确定室内噪声达标情况。在重庆市某商品房住宅楼内用水管道噪声污染案中，鉴定人员参照《生态环境损害鉴定评估技术指南 总纲》，对房屋浴室水龙头在用水状态下持续发出噪声是否干扰居民正常生活并超过环境基线构成噪声污染进行认定。

湖北省某餐饮企业噪声与油烟污染环境责任纠纷案中的经验表明，噪声污染程度的定性与定量，还是在于对噪声进行科学合理的监测。鉴定人员需要进行充分的事前调查，了解噪声源排放规律，同时还要了解周边环境的突发性噪声的发生概率，才能更为合理地制定监测方案与应急措施，预防和避免突发性干扰。

噪声污染及损害鉴定是目前司法实务中比较难处理的问题。一般认为，噪声污染所造成的财产损失，既包括直接损失，也包括间接损失，但无高度盖然性证据支持的间接损失不在损害赔偿责任范围之列。

例如，在倪某与丹东某风力发电有限责任公司噪声污染侵权纠纷[辽宁省高级人民法院(2013)辽审三民提字第45号]一案中，倪某建温室养殖场，饲养野生中华鳖（俗称甲鱼），他认为发电公司在养殖场及周边村落建成大规模风力发电机组，风力发电机叶片转动时产生低频噪声在水产养殖场棚顶形成动态阴影，严重影响了养殖场内甲鱼的生活习惯（因甲鱼惧怕声响及光影无法上岸晒背），致其养殖的甲鱼大量死亡。

倪某自行委托了辽宁省淡水渔业环境监督监测站对养殖场内的水质和饲料进行了检测，并出具鉴定报告。鉴定结论认为：养殖用水源和养殖池中水质的各项指标符合国家渔业水质标准，能够满足甲鱼生长对水质的要求，饲料中各项指标正常；风力发电机叶轮转动投影及噪声扰乱改变了温室大棚中甲鱼所需的安静生活环境，而且这种惊扰正值4、5月的甲鱼繁殖、发育和生长期，导致了一系列不良后果。

一审阶段，辽宁省丹东市中级人民法院委托农业部黄渤海渔业生态监测中心针对“风力发电厂对室内养殖中华鳖生长影响”进行现场试验鉴定，渔业生态监测中心出具鉴定报告，结论为试验现场的噪声、电磁辐射以及转动的阴影不会对中华鳖的存活和生长造成影响。一审法院和二审法院均采纳该鉴定结果作为侵权行为与损害结果之间不存在因果关系的依据，从而判决驳回倪某的诉讼请求。

在本案的再审过程中，再审法院认为，该案不属于一般意义上的渔业水域污染案。仅具有渔业污染鉴定资质的机构所出具的鉴定结论不能作为定案的依据。原审诉讼中，农业部渔业局资源环保处答复称，渔业生态监测中心“关于风车的噪声、电磁辐射、转动阴影等因素对中华鳖的存活和生活影响的试验鉴定”已经超出核发的《渔业污染事故调查鉴定资格证书》的业务范围。该答复为确定性答复，说明渔业生态监测中心在鉴定资质上存在问题，应当认定渔业生态监测中心不具有涉及本案环境污染的鉴定资质。

但法院同时认为，案涉环境污染损害纠纷，是基于风力发电产生的噪声、光影及电磁造成的新类型环境污染。而噪声、光影及电磁对中华鳖生长和生存可能造成的影响，并非一定通过污染其生存的水域产生，可能会直接作用于生物体本身，依据《辽宁省风力发电厂生态建设管理暂行办法》第十条第三款规定，本案中风力发电机最近一组机组距离养殖场仅100米，不符合规范要求。该文件虽然发布在后，但无疑确定了风力发电机对环境具有的影响，并作出强制性的规定予以规范。该证据可以印证中华鳖死亡与风力发电机所产生的噪声、转动阴影、电磁辐射等因素具有一定因果关系。在本案中，发电公司未完成中华鳖死亡与其实施的风力发电行为之间不存在因果关系证明责任，其应承担相应的民事责任。

3.3 出庭作证时需对鉴定意见的可靠性进行充分的解释和说明

在出庭作证时，应充分解释和说明鉴定意见的可靠性，包括阐述数据收集和分析的过程、如何基于这些数据得出结论等，确保法庭对鉴定意见有充分的理解和信任。

3.3.1 基本案情[①]

北京某钢结构工程有限公司在北京市大兴区某生产基地从事钢结构制造过程中，喷漆工艺未在密闭空间中进行，喷漆场地未安装废气污染防治设施，喷漆产生的挥发性有

① (2018)京民终453号，北京某钢结构工程有限公司与北京市人民检察院第四分院大气污染责任纠纷案。

机物废气未经处理直接排入大气环境,对周围大气环境造成污染。

2016年12月9日,北京市大兴区环境保护监察支队出具《环境保护监察意见书》,指出该公司存在如下环境违法问题:(1)喷漆废气未经处理直接外排大气环境;(2)焊接产生的焊烟未经处理,直接外排大气环境;(3)生产加工基地未办理环境审批手续。同日,北京市大兴区环境保护局(以下简称"大兴环保局")依据《中华人民共和国大气污染防治法》第四十五条和《北京市大气污染防治条例》第六十一条的规定,对该公司喷漆、焊接电源开关箱予以查封。

2016年12月17日,公司车间主任李某代表公司签字确认的油漆、稀料出库单汇总表及公司油漆、稀料出库用量出库统计数据显示,该公司于2016年7月、9月至12月期间油漆和稀料的出库量分别为油漆39 750.5千克,稀料8 779.5千克。

2017年1月13日,大兴环保局对该公司作出罚款20万元的行政处罚决定。

市检四分院于2017年3月15日立案后,分别于3月30日、5月3日到该公司进行现场调查,发现该公司的违法行为仍在持续,为依法追究污染者的民事责任,进而保护生态环境、维护国家和社会公共利益,市检四分院在2017年3月17日的《检察日报》(第8126期)发布公告,告知法律规定的机关和有关组织如拟对该公司提起公益诉讼的,自公告发布之日起三十日内联系该院。上述公告期满后,法律规定的机关和有关组织没有提起诉讼,市检四分院于2017年6月28日提起公益诉讼。

一审法院认为,市检四分院在履行职责中发现该公司存在破坏生态环境的损害社会公共利益的行为,并依法进行公告,符合法律和司法解释规定的起诉条件,有权以公益诉讼起诉人的身份提起本案环境民事公益诉讼。

经审理,一审法院判决如下:(1)该公司在证明采取有效环境保护措施,继续生产符合环境保护标准之前,禁止在加工生产基地从事涉及喷漆、焊接等产生漆雾和有机废气的钢结构加工生产行为。(2)该公司赔偿因钢结构喷漆加工生产行为造成的生态环境损害894 880元,于判决生效之日起15日内交到法院指定账户,赔偿款专项用于生态环境保护、修复、治理。(3)该公司在一家省级以上媒体公开向社会赔礼道歉,赔礼道歉的内容及媒体、版面、字体需经法院审核,上述内容于判决生效之日起30日内向法院提交,并于审核通过之日起60日内刊登;如未履行上述义务,则由法院选择媒体刊登判决主要内容,所需费用由该公司负担。(4)该公司承担本案鉴定费33 000元,于判决生效之日起15日向市检四分院支付。

该公司不服提起上诉。二审法院认为,该公司的上诉请求不能成立,应予驳回;一审判决认定基本事实清楚、适用法律正确、程序合法、判决结果并无不当,应予维持。

3.3.2 出庭作证

本案主要围绕鉴定意见进行质证。经市检四分院委托,环境保护部环境规划院环境风险与损害鉴定评估研究中心(以下简称“环保鉴定中心”)对被告违法排放挥发性有机物废气造成的大气环境污染所致生态环境损害进行鉴定评估。一审过程中,被告向一审法院申请环保鉴定中心出庭,一审法院依法通知环保鉴定中心出庭作证,市检四分院和被告对出庭鉴定人员就相关鉴定问题进行了询问。

在二审过程中,上诉人北京某钢结构工程有限公司提出以下两点意见。

一是鉴定意见存在重大的高估冒算。(1)环保鉴定中心出具的鉴定评估意见声称依据市检四分院提供的资料,公司在 2016 年 4 月 27 日至 2016 年 12 月 8 日钢结构加工产量为6 127.523吨,并以此计算废气产污量为 6 127.523 吨×2 435 立方米/吨=1 492 万立方米。但是纵观本案全部证据材料和审理过程,公司并未见到市检四分院和环保鉴定中心提供的任何关于钢结构加工产量为 6 127.523 吨的明确证据。(2)鉴定意见中用作鉴定依据的钢结构加工产量 6 127.523 吨远远超出公司实际加工喷涂产量 3 887.946 吨。2016 年 4 月 27 日至 2016 年 12 月 8 日,公司自己生产加工和委托其他公司加工钢结构合计 3 887.946 吨,有销售发票、合同等予以佐证。鉴定依据的钢结构吨数与公司的实际加工喷涂产量严重不符,按照实际加工钢结构的吨数来确定产污量才符合常理。因此,本案的鉴定结论不能作为认定事实的依据。(3)鉴定意见按 2016 年 4 月 27 日至 2016 年 12 月 8 日公司每天工作 8 小时计算,废气产生速率为 7 771 立方米/小时。鉴定人出庭接受质询时明确答复计算时没有扣减法定休息日和国家规定的节假日,这明显与现实情况不符,会造成鉴定得出的虚拟治理成本过高。(4)鉴定意见的虚拟治理成本中废气治理设备喷漆房总价 60 万元的询价过程和结论没有任何依据,且不能提供任何询价的资料,远远高于公司自行询价 20 万元的结果。(5)鉴定意见在虚拟治理成本223 720元已经能够使全部废气达标的情况下,用环境功能敏感系数取值 4 倍计算虚拟治理成本,得到的生态环境损害数额 894 880 元过高。

对此,市检四分院称,环保鉴定中心是经环境保护部推荐列入《环境损害鉴定评估推荐机构名录(第一批)》、具有环境损害鉴定评估资质的机构,其根据本案所涉大气污染情况采用虚拟治理成本法进行损害评估,出具的鉴定意见具有科学性和合理性,论证意见分析充分,鉴定程序合法,具有较强的证明力。一审判决对该鉴定意见予以采信正确,上诉意见不足以影响本案鉴定意见的效力。

二是一审判决适用法律错误,采信鉴定意见作为认定涉案生态环境损害数额的依据是错误的。在本案中,市检四分院和环保鉴定中心均未提供任何关于钢结构加工产量为 6 127.523 吨的明确证据,且因鉴定过程对上诉人不公开,市场询价没有证据佐证,没有合理扣减停产时间,鉴定过程存在严重瑕疵,鉴定结论随意性过大,不当对生态环境损害数额高估冒算,丧失了鉴定机构本应具备的客观性、严谨性和公正性,鉴定结论的合法性和关联性都存在无法回避的重大疑问。因此,本案中的鉴定意见不能作为认定案件事实的证据,相关鉴定费用也不应当由上诉人承担。

对此，市检四分院称，本案鉴定意见中，以钢结构加工产量计算废气产生速率，是为了确定废气产生的浓度的范围。具体到本案中，无论钢结构产量是6 000多吨还是3 000多吨，废气产生的浓度均在0～300毫克/立方米之间，并不影响采用虚拟治理成本法选取本案的治理工艺。为了进一步证明本案鉴定意见的准确性，市检四分院请环保鉴定中心以喷漆所使用的油漆和稀料数量为基础数据，再次对废气浓度进行了测算，废气浓度仍在0～300毫克/立方米之间，同样适用本案鉴定意见所选取的治理工艺。综上，在本案中，该公司主张的钢结构加工产量与其应承担的生态环境损害赔偿数额无直接、唯一对应的关系，若以此主张本案鉴定意见存在重大的高估冒算，则应当提供足以否定本案鉴定意见的证据，但该公司并没有提供相关证据予以证明，故其该项主张不能否认本案鉴定意见的效力。

3.3.3 意见采信

一审法院认为：市检四分院委托具有鉴定资质的专业环境鉴定机构进行鉴定，其目的在于针对涉案的污染源排放、区域环境质量等情况，综合生态环境治理修复条件，进行专业科学的论证分析，制定科学合理的生态环境修复与赔偿方案。环保鉴定中心出具的鉴定意见认为，基于环境损害鉴定评估工作对时效性、科学性、准确性的要求，结合本次钢结构喷漆大气污染事件的特点，该大气环境污染事件所致的生态环境损害无法通过恢复工程恢复，因此采用虚拟治理成本法评估该钢结构喷漆大气污染事件造成的生态环境损害数额。被告虽然对鉴定意见提出异议，并提供与生产经营相关的合同、发票等证据，但并不足以证明其实际生产加工情况以及实际造成的环境污染损害。在被告的举证及质证意见不足以否定鉴定意见的情况下，本案鉴定意见符合大气污染生态环境的实际情况，法院予以采信。

二审法院认为：(1)针对该公司提出的其实际钢结构加工产量为3 887.946吨、鉴定所依据的钢结构加工产量为6 127.532吨没有事实根据、由此导致鉴定得出的虚拟治理成本过高的异议，环保鉴定中心在二审中出具情况说明给予了回应，并依据该公司的油漆、稀料用量和其主张的钢结构加工产量进行了分析，得出本案钢结构加工产量由6 127.532吨调整为3 887.946吨“不会对废气治理工艺选择和工艺参数设计产生影响”的结论，在该公司未能提供证据推翻环保鉴定中心基于油漆、稀料总量为48.530吨和钢结构加工产量调整为3 887.946吨所作分析和所得结论的情况下，二审法院对于该公司所提该项异议，不予采信。(2)针对该公司提出的鉴定意见没有扣减法定休息日和节假日、由此导致鉴定得出的虚拟治理成本过高的异议，环保鉴定中心在情况说明中亦给予了回应，认定在总作业时间为1 536小时的作业条件下，“废气产生速率由7 771立方米/小时减小为6 163.51立方米/小时，废气的浓度会略微减小，依然属于小于300毫克/立方米的低浓度有机废气，不会对废气治理工艺选择和工艺参数设计产生影响”，该公司虽仍持异议，但未能提供证据推翻环保鉴定中心的结论意见，故对于该公司所提该项异议，二审法院亦不予采信。(3)针对该公司提出的鉴定意见中喷漆房总价60万元的询价过程和结论没有依据、远高于其自行询价结果的异议，环保鉴定中心在二审中出示了询价的相关材料，该公司虽主张其就相同设备自行询价的结果为20万元，但未提交证据予以佐证，故对于该公司所提该项异议，二审法院亦不予采信。(4)针对该公司提出的鉴定意见在虚拟治理成本为223 720元已经能够使全部废气达标的情况下，用环境功能敏感系数取值4倍计算损害数额过高的上诉主张，本院认为，在鉴定意见出具之时，《环境损害鉴定评估推荐方法(第Ⅱ版)》(环办〔2014〕90号附件)、《突发环境事件应急处置阶段环境损害评估推荐方法》(环办〔2014〕118号附件)规定，在采用虚拟治理成本法量化生态环境损害时，可以根据受污染影响区域的环境功能敏感程度分别乘以1.5～10的倍数作为环境损害数额的上下限，其中，环境空气污染Ⅱ类区域为虚拟治理成本的3～5倍；《环境空气质量标准(GB 3095—2012)》“4.1 环境空气功能区分类”规定，环境空气功能区分为二类：一类区为自然保护区、风景名胜区和其他需要特殊保护的区域；二类区为居住区、商业交通居民混合区、文化区、工业区和农村地区。该公司位于北京市大兴区的居住区，属于第Ⅱ类环境功能区，故环保鉴定中心取环境功能敏感系数4倍计算该公司被诉污染环境行为造成的生态环境损害数额，并无不当。对该公司所提该项上诉主张，二审法院亦不予支持。

3.3.4 法律解析

司法鉴定人的资质问题，即鉴定人是否具有相应领域内的合法资质，是鉴定意见程序合法性的首要标准。除此之外，在民事诉讼中，当事人对鉴定意见有异议，或人民法院认为鉴定人有必要出庭的，鉴定人就应当出庭作证。

关于鉴定意见应当符合中国法律所要求的证明标准问题，民事诉讼的举证责任和证明标准与刑事诉讼是不同的。我国现行民事诉讼法及相关司法解释采纳的是“谁主张谁举证”和高度盖然性的证明标准。对负有举证证明责任的当事人提供的证据，人民法院经审查并结合相关事实，确信待证事实的存在具有高度可能性的，应当认定该事实存在。对一方当事人为反驳负有举证证明责任的当事人所主张事实而提供的证据，人民法院经审查并结合相关事实，认为待证事实真伪不明的，应当认定该事实不存在。因此，民事诉讼中的鉴定意见，使法官确信待证事实的发生具有高度的可能性的，常被采信。特别是在环境损害司法鉴定活动中，这种情形可能更加广泛地存在。

3.3.5 鉴定相关

噪声污染侵权责任的承担须环境噪声侵权行为人在主观上有过错，其外观须具有超过国家规定的噪声排放标准的违法性。[①]

在国家尚未颁布特别标准的情况下，判断噪声是否构成环境噪声污染，应综合考虑国家相关规定，采用较为严格的标准以最大限度保护被侵权人利益。

环境噪声无论是否超过国家噪声排放标准，对人体都会产生慢性的、潜在的损害。近年来，越来越多的现代住宅、办公场所需要配套建设许多服务于全体住户及用户的建筑服务设备，比如水泵、电梯、变压器等。但这些设备会产生噪声，引发满足公众生活需求与损害部分住户环境权益的矛盾，由此导致的环境噪声侵权纠纷也越来越多。按照《中华人民共和国噪声污染防治法》第十三条至十五条的规定，噪声污染防治相关标准由国务院生态环境主管部门和国务院其他有关部门制定，在制定国家噪声排放标准以及相关的环境振动控制标准时须依据国家声环境质量标准和国家经济、技术条件。

关于住宅小区、行政办公的噪声标准散见于原环境保护部颁布的各类环境标准和原住房和城乡建设部颁布的各类设计规范，包括《工业企业厂界环境噪声排放标准》(GB 12348—2008)、《民用建筑隔声设计规范》(GB 50118—2010)、《住宅设计规范》(GB 50096—2011)、《声环境质量标准》(GB 3096—2008)、《社会生活环境噪声排放标准》(GB 22337—2008)等多种标准。在应当适用何种标准来判断楼内公共服务设施是否造成噪声污染上，之前主要依据《工业企业厂界环境噪声排放标准》(GB 12348—2008)和《社会生活环境噪声排放标准》(GB 22337—2008)，但原环境保护部在2009年《关于居民楼内生活服务设备产生噪声适用环境保护标准问题的复函》中指出，这两项标准都不适用于居民楼内为本楼居民日常生活提供服务而设置的设备(如电梯、水泵、变压器等设备)产生噪声的评价，此后生态环境主管部门也没有对此出台、制定新的噪声排放标准。

因此，在针对生活服务设备产生的噪声并没有统一排放标准的情况下，在实践中应当参照国家相关规定的其他标准，综合考虑，采取较为严格的标准以最大限度确保被侵权人利益。原因有三。

一是被侵权人在噪声污染中一般处于弱势地位。一般来说，住宅楼、办公楼内的环境噪声污染多由水泵、电梯、变压器等附属配套设备产生，而提供附属配套设备的公司、企业往往有比被侵权人更加雄厚的实力，从民事诉讼公平正义的角度出发，也应当倾向保护弱者、弱势群体。

二是一般环境侵权适用无过错责任原则，即严格责任原则。噪声污染侵权是环境侵权的一种，虽然不适用无过错责任原则，但也应当适用更严格的标准，才能更好地保障被侵权人的权益。

三是采取严格标准有利于噪声排放人增强责任心，降低噪声排放，履行社会义务。住户及用户在享受相关附属设施带来的便利的同时，对于存在不超标但也会干扰他人正

① 韩德强主编：《环境资源纠纷案件裁判规则(一)：环境侵权》，法律出版社2021年版，第132页。

常生活、工作和学习的噪声现象,已经承担了一定范围和限度的容忍义务。

在依法保障住户及用户合法权益的同时,为了保障各方共享便利、同享实惠,共同提升生活质量,此时就需要噪声排放人在提供电梯、水泵、变压器等相关附属配套设备的同时,注意伴随设备而来的噪声干扰对被干扰人的损害,尽量避免不必要的噪声产生,平衡好双方利益,实现利益的最大化。[①]

3.4 本章小结

"专家有义务把抽象的专业问题向法官说明,让作为普通人的法官能够理解和接受,一个不能令法庭理解自己的证人,是不可能有说服力的。"[②]《最高人民法院关于民事诉讼证据的若干规定》(2019 年修正)第八十条规定:"鉴定人应当就鉴定事项如实答复当事人的异议和审判人员的询问。当庭答复确有困难的,经人民法院准许,可以在庭审结束后书面答复。人民法院应当及时将书面答复送交当事人,并听取当事人的意见。必要时,可以再次组织质证。"

2020 年 5 月 27 日开始实施的《司法部关于进一步规范和完善司法鉴定人出庭作证活动的指导意见》(司规〔2020〕2 号)规定,司法鉴定人需经司法行政机关审核登记,取得司法鉴定人执业证,经人民法院依法通知,方可出庭作证。人民法院出庭通知指定司法鉴定人的,被指定的鉴定人需出庭作证;未指定的,需由在司法鉴定意见书上签名的鉴定人出庭作证。司法鉴定人在法庭上对自己作出的鉴定意见,从鉴定依据、鉴定步骤、鉴定方法、可靠程度等方面进行解释和说明。司法鉴定人需在法庭上当面回答质询和提问。有下列情形之一的,鉴定人可以向人民法院提出不到庭书面申请,经人民法院同意,未到庭的鉴定人可以提交书面答复或者说明,或者使用视频传输等技术作证:未按照法定时限通知到庭的;因健康原因不能到庭的;路途特别遥远,交通不便难以到庭的;因自然灾害等不可抗力不能到庭的;有其他正当理由不能到庭的。鉴定人到庭作证,配合法庭质证,对应当回答的与鉴定有关的问题,应依法如实回答。所回答问题涉及执业活动中知悉的国家秘密、商业秘密和个人隐私的,应当向人民法院阐明;经人民法院许可的,应当如实回答。

于一般司法实务中,对出庭的鉴定人员的询问,主要包括以下几点。

(1)鉴定人是否就所作的鉴定项目具有鉴定资格,相应的鉴定人员的职称与执业经历。鉴定活动对参加鉴定的专家职称与人数有特殊要求的,还需要审查参与条件是否合规。

---

① 韩德强主编:《环境资源纠纷案件裁判规则(一):环境侵权》,法律出版社 2021 年版,第 132 页。

② [美]理查德·A.波斯纳:《证据法的经济分析》,徐昕,徐昀译,中国法制出版社 2004 年版。

(2)鉴定人与案件有无利害关系或者其他影响鉴定活动公正性的问题。鉴定人员与审判人员一样,应遵循回避要求。

(3)鉴定意见所依据的鉴定材料是否真实、充分。鉴定意见所依据的鉴定材料的合法性、真实性、全面性和关联性,是鉴定人通过科学鉴定作出正确意见和建议的前提和基础。实践中,对于鉴定人员自行搜集的相关鉴定材料往往会存在争议。

(4)作出鉴定意见的程序安排是否符合法律、法规、规章及技术规范的要求。如有违反,则应当推定可能影响鉴定意见的正确性。

(5)审查鉴定意见的作出是否符合相应的科学原理。①

“鉴定人出庭的效果好不好,关键在于审判人员对鉴定意见的了解程度深不深。因为如果仅就鉴定意见本身进行审查,无非仅是从程序上查看是否依法合规,但真正的困难来自实质内容审查的能力缺失。”②

为提高庭审效率,鉴定人在接到人民法院的出庭通知时,应与人民法院就庭审中可能涉及的需要作出解释和回答的问题一并做好沟通,或请人民法院随通知一并送达,避免出现无法当庭答复的情形。《最高人民法院关于民事诉讼证据的若干规定》(2019年修正)第八十二条规定:“经法庭许可,当事人可以询问鉴定人、勘验人。询问鉴定人、勘验人不得使用威胁、侮辱等不适当的言语和方式。”实践中,如发生拒不合作干扰鉴定人作证的当事人、诉讼代理人或者旁听人员,审判人员可依《最高人民法院关于适用〈中华人民共和国民事诉讼法〉的解释》(法释〔2015〕5号)第一百八十一条之规定立即采取拘留措施,在拘留后,补办批准手续。

《最高人民法院关于民事诉讼证据的若干规定》(2019年修正)第三十六条规定:“人民法院对鉴定人出具的鉴定书,应当审查是否具有下列内容:(一)委托法院的名称;(二)委托鉴定的内容、要求;(三)鉴定材料;(四)鉴定所依据的原理、方法;(五)对鉴定过程的说明;(六)鉴定意见;(七)承诺书。鉴定书应当由鉴定人签名或者盖章,并附鉴定人的相应资格证明。委托机构鉴定的,鉴定书应当由鉴定机构盖章,并由从事鉴定的人员签名。”

鉴定人退庭后,要对法庭笔录中鉴定意见的质证内容进行确认。经确认无误的,应当签名;发现记录有差错的,可以要求补充或者改正。

对于鉴定书形式、内容上的瑕疵处理,《司法鉴定程序通则》第四十一条规定:“司法鉴定意见出具后,发现有下列情形之一的,司法鉴定机构可以进行补正:(一)图像、谱图、表格不清晰的;(二)签名、盖章或者编号不符合制作要求的;(三)文字表达有瑕疵或者错

① 最高人民法院民事审判第一庭编著:《最高人民法院新民事诉讼证据规定理解与适用(下)》,人民法院出版社2020年版,第708～710页。

② 最高人民法院民事审判第一庭编著:《最高人民法院新民事诉讼证据规定理解与适用(下)》,人民法院出版社2020年版,第709页。

别字，但不影响司法鉴定意见的。补正应当在原司法鉴定意见书上进行，由至少一名司法鉴定人在补正处签名。必要时，可以出具补正书。对司法鉴定意见书进行补正，不得改变司法鉴定意见的原意。”在实务中，这种情况亦不在少数，司法鉴定人对此予以注意，虽可补正，但仍会使当事人对司法鉴定机构的严谨性、科学性产生怀疑，进而引发涉鉴争议，同时亦可能会影响司法鉴定意见的证明力。

需要注意的问题还包括对鉴定意见的撤销。

实践中，确实存在当事人以“闹鉴”“贿签”的方式，对鉴定人施加压力的情况。《最高人民法院关于民事诉讼证据的若干规定》(2019 年修正)第四十二条规定：“鉴定意见被采信后，鉴定人无正当理由撤销鉴定意见的，人民法院应当责令其退还鉴定费用，并可以根据情节，依照民事诉讼法第一百一十一条的规定对鉴定人进行处罚。当事人主张鉴定人负担由此增加的合理费用的，人民法院应予支持。人民法院采信鉴定意见后准许鉴定人撤销的，应当责令其退还鉴定费用。”

从最高人民法院掌握的原则上看，法院尊重鉴定人独立的诉讼地位，鉴定人撤销其所作出的鉴定意见的，原鉴定意见不再作为证据在诉讼中使用，至于撤销行为本身可能会导致的公信力降低，由鉴定人自行承担。对于撤销行为的处罚，也比较谨慎。“该规定将司法实践中遇到的现实问题予以规制，希望通过这种规制重新将这个本不应存在的问题回归到对鉴定意见本身的可采性审查上来，回归到民事诉讼对证据的举证、质证和认证规则上来。”①

《最高人民法院关于民事诉讼证据的若干规定》(2019 年修正)第九十九条规定，除法律、司法解释另有规定外，对鉴定人的询问参照适用本规定中关于询问证人的规定。可见，最高人民法院在力求将鉴定意见回归证据的本质。对于鉴定人出庭作证，一方面赋予其独立性的考量，保障鉴定人出庭作证时的合法权益。另一方面，对于鉴定人出庭作证及询问，参照了对证人的规定。而对鉴定意见，更多是回归证据本身，即必须经过质证等必要程序后，方可作为证据使用。

3.5 法条索引

3.5.1 《最高人民法院关于适用〈中华人民共和国民事诉讼法〉的解释》(2022 年修正)

第一百零八条 对负有举证证明责任的当事人提供的证据，人民法院经审查并结合

① 最高人民法院民事审判第一庭编著：《最高人民法院新民事诉讼证据规定理解与适用》(上)，人民法院出版社 2020 年版，第 415 页。

相关事实,确信待证事实的存在具有高度可能性的,应当认定该事实存在。

对一方当事人为反驳负有举证证明责任的当事人所主张事实而提供的证据,人民法院经审查并结合相关事实,认为待证事实真伪不明的,应当认定该事实不存在。

法律对于待证事实所应达到的证明标准另有规定的,从其规定。

3.5.2 《最高人民法院关于民事诉讼证据的若干规定》(2019 年修正)

第三十二条　人民法院准许鉴定申请的,应当组织双方当事人协商确定具备相应资格的鉴定人。当事人协商不成的,由人民法院指定。

人民法院依职权委托鉴定的,可以在询问当事人的意见后,指定具备相应资格的鉴定人。

人民法院在确定鉴定人后应当出具委托书,委托书中应当载明鉴定事项、鉴定范围、鉴定目的和鉴定期限。

第四十条　当事人申请重新鉴定,存在下列情形之一的,人民法院应当准许:

(一)鉴定人不具备相应资格的;

(二)鉴定程序严重违法的;

(三)鉴定意见明显依据不足的;

(四)鉴定意见不能作为证据使用的其他情形。

存在前款第一项至第三项情形的,鉴定人已经收取的鉴定费用应当退还。拒不退还的,依照本规定第八十一条第二款的规定处理。

对鉴定意见的瑕疵,可以通过补正、补充鉴定或者补充质证、重新质证等方法解决的,人民法院不予准许重新鉴定的申请。

重新鉴定的,原鉴定意见不得作为认定案件事实的根据。

3.5.3 《最高人民法院关于印发〈人民法院司法鉴定人名册制度实施办法〉的通知》(法发〔2004〕6 号)

第二条　人民法院鉴定人名册制度,指人民法院经事前审查、批准、公示程序,将自愿接受人民法院委托鉴定的社会鉴定人(含自然人、法人)列入本级法院的鉴定人名册。人民法院审理案件需要鉴定时,统一移送专门机构,负责对外委托或组织鉴定,以尊重当事人主张和在名册中随机选定相结合的办法确定鉴定人,并负责协调、监督鉴定工作。

第十七条　当事人协商一致选定的鉴定人未纳入鉴定人名册时,鉴定督办人应当对该鉴定人进行审查,发现重大问题的,应当主持当事人重新选定鉴定人。

第十八条　司法鉴定所涉及的专业未纳入鉴定人名册时,人民法院司法鉴定机构可以从社会相关专业中,择优选定受委托单位或专业人员进行鉴定。如果被选定的鉴定人需要进入鉴定人名册的,按本办法规定程序办理。

第4章　法庭采信

4.1　经当庭质证的专家意见可以作为法庭认定根据

在没有鉴定机构的情况下，专家的专业知识和经验可以为法庭提供重要的信息，经过严格的庭审质证后，这些专家意见的科学性、客观性和公正性得以确认，因此可以作为法庭认定的依据。

4.1.1　基本案情[①]

本案系环境资源案件中的生态保护案件。

金溪县系"江西十大文化古县"，拥有中国历史文化名镇(名村)7个、传统村落128个、明清古建筑11 633栋。其中，中国传统村落42个、江西省传统村落31个，被誉为"一座没有围墙的古村落博物馆"。金溪县琉璃乡波源村系江西省传统村落，拥有丰富的物质和非物质文化遗产。2020年4月11日晚上9时许，被告徐某、方某驾驶三轮摩托车到波源村西岸组一门楼偷盗一块"甲第里"石匾，在盗窃过程中造成石匾掉落摔断。同月27日晚上，二被告驾驶三轮摩托车到下洋组一门楼偷盗一块"三公旧第"石匾，在盗窃过程中造成石匾摔断以及门楼整体垮塌。二被告将被摔断的两块石匾装车运到抚州市临川区云山镇，以2 200元出售给他人。两块石匾未能追回。经专业机构评估，"甲第里"门楼修复工程费用为9 812元、"三公旧第"门楼修复工程费用为93 727.61元。金溪县人民检察院指控被告人徐某、方某等人犯盗窃罪，于2021年1月5日向金溪县人民法院提起公诉。金溪县人民法院于2021年5月7日作出(2021)赣1027刑初8号刑事判决，判决被告人徐某、方某犯盗窃罪，分别判处有期徒刑一年四个月、一年三个月，并各处罚金1万元。

金溪县人民检察院于2020年12月17日公告案件相关情况，公告期内未有法律规定

① 《江西省金溪县人民检察院诉徐某、方某人文遗迹保护民事公益诉讼案》，《中华人民共和国最高人民法院公报》2022年第9期。

的机关和有关组织提起民事公益诉讼。金溪县人民检察院于2021年1月22日向金溪县人民法院提起附带人文遗迹保护民事公益诉讼，要求判令徐某、方某承担下列费用："甲第里"门楼修复工程费9 812元、"三公旧第"门楼修复工程费93 727.61元，总计103 539.61元；人文生态环境服务功能损失310 617元；鉴定费用共计11 200元。经专家评估，两被告盗窃古建筑构件的行为，造成人文生态环境服务功能损失共计310 617元。

一审判决二被告连带赔偿"甲第里"门楼修复费用9 812元、"三公旧第"门楼修复费用93 727.61元，合计修复费用103 539.61元；连带赔偿人文生态资源损失300 000元；承担鉴定及评估费用11 200元。一审宣判后，各方当事人均未提起上诉，一审判决已发生法律效力。

4.1.2 出庭作证

由于对人文生态资源损失的确认，没有鉴定机构可以进行鉴定，控方委托两名专家出具了评估意见。两名专家分别为抚州市文物保护中心副研究馆员丁某，抚州市博物馆副研究馆员程某，均系文博类专家，具有文博领域专业知识，且长期从事文物保护领域研究，具有对古建筑损坏所造成人文生态资源损害等专门性问题进行评价的能力，属于"有专门知识的人"。

两名专家接受公益诉讼起诉人的委托，依据自己的专业知识并查阅资料，经充分讨论、分析，从人文生态环境角度对古建筑损坏所造成的功能损害给出了明确的专业意见，并以专家身份出庭接受了当事人及审判人员的询问。

4.1.3 意见采信

法院认为专家评估意见的出具主体、形成程序均合法，两名专家出具的意见，经过充分讨论、分析，结论明确，且经庭审质证，具备合法性、科学性，符合上述法律及司法解释的规定，依法可以作为本案认定事实的根据。

4.1.4 法律解析

在没有鉴定机构能对古建筑损坏所造成的人文生态资源损失作出鉴定时，有专门知识的人出具的专家意见能否作为证据采信？

在本案中，经专家评估，徐某、方某盗窃古建筑构件的行为，造成人文生态环境服务功能损失共计310 617元。对此，被告徐某认为评估意见非国家文物评估机构或国家文物局备案的文物鉴定评估人员出具，科学性不足。被告方某认为两位出庭作证的专家不具备出具法定评估鉴定意见的主体资格，出具意见程序不合法，意见缺乏法定数据依据及专业行业性规定，不能单独作为定案依据。该意见并未获得法院支持。

本案涉及的金溪县琉璃乡波源村系江西省传统村落，拥有丰富的物质和非物质文化遗产。控方认为，案涉的“三公旧第”门楼承载着一定的历史、文化、艺术、社会、经济价值，对研究金溪县明清古建筑群以及江西农耕文化具有一定的史料参考价值。该门楼牌匾被盗，门楼整体遭到严重损坏，造成了历史、文化及经济损失，损害了社会公共利益。对此，一审法院认为，人文遗迹属于文化遗产，虽然文化遗产属于精神文明范畴，但都是通过一定的物质载体来体现。传统村落即属于有形文化遗产与无形文化遗产的综合体。案涉门楼牌匾被盗及损坏，严重损毁被盗门楼的生态文化价值和历史文化价值，损害了社会公共利益。生态资源的公共利益保护，在没有法律规定的机关和组织提起诉讼的情况下，检察机关可以提起环境民事公益诉讼。

本案是传统村落标志性建筑损毁引发的人文遗迹保护刑事附带民事公益诉讼案件，入选最高人民法院发布的 2021 年度人民法院环境资源审判典型案例。其典型意义在于，传统村落在农耕文明传承中形成，是重要的历史文化遗产，蕴含着丰富的历史信息和厚重的文化价值，是中华文明发展演变的实证，属于人文遗迹，其依附的历史环境要素，如塔桥亭阁、碑幢刻石等属于不可再生资源，一旦破坏难以恢复。被盗石匾及被破坏的门楼依原貌修复后，其人文生态价值相较原物必有贬损，原生态传统村落风貌的完整性和历史文化传承功能已不可逆地遭到破坏。

本案结合多方面因素综合认定被告人应承担的人文生态资源损失，为人文遗迹民事公益诉讼司法保护提供了有益借鉴。本案的依法审理使遭到损害的人文生态环境权益得到救济和弥补，有利于提升社会公众人文生态资源保护意识，增强保护传统村落等不可再生文化遗产的自觉性，促进传统村落可持续保护，更好地留住历史传承和美丽乡愁。

4.1.5 鉴定相关

本案所造成的损失既包含具有直观性和直接性的直接经济损失，即门楼牌匾修复费用，也包含具有无形性的生态和人文价值损失。

(1)关于直接经济损失的确定。本案门楼牌匾被盗的同时造成其本身依附的建筑损坏，经具有文物工程设计资质的重庆市工程设计院福建分院对两块牌匾依存建筑所做的修复设计，“甲第里”门楼修复预算为 9 812 元，“三公旧第”门楼修复预算为 93 727.61 元。法院认为，上述修复工程费用系有资质的专业机构所做的评估意见，且二被告对该修复费用并无异议，故对公益诉讼起诉人提起的要求二被告承担“甲第里”门楼修复费 9 812 元、“三公旧第”门楼修复费 93 727.61 元的诉讼请求，予以支持。

(2)关于对人文生态资源损失的确定。公益诉讼起诉人要求二被告承担人文生态环境服务功能损失。本案审理法院将其定义为人文生态资源损失。对此，法院认为，人文生态资源损失既应包含服务功能损失，也应包含永久性功能损失。案涉“甲第里”“三公旧第”牌匾及其依存建筑具有浓厚的地域文化特征，且包含了丰富的历史信息，属于不可再生的文化遗产。虽然被盗牌匾及被破坏的门楼建筑可以依照原貌进行修复，但被盗牌匾的原物已难以追回，而且经过修复后的门楼及牌匾的人文生态价值相较原物价值必有贬损，原生态的古村落传统风貌的完整性和传统村落历史文化的传承功能已不可逆地遭到破坏，对当地人文生态资源造成了损害，这种损害严重影响了当地人民群众的人文情怀、历史情感，这种无形的损失难以用金钱来衡量。

法院综合考虑了金溪县地方经济发展水平、“甲第里”石匾所在地浒源村系江西省传统村落，二被告的主观过错及其家庭经济条件、对传统村落整体性的破坏程度以及专家依据专业知识出具的人文生态环境服务功能损失费用 310 617 元的意见等情况，依法酌定二被告承担因破坏人文生态资源所造成的损失为 300 000 元，同时承担鉴定和评估费用共计 11 200 元。

4.2 单方委托的鉴定且庭审质证不利的不易被法庭采信

单方委托可能影响鉴定的公正性，而庭审质证的不利因素加速了法庭对鉴定结果的科学性和可靠性产生质疑的决心，法庭往往对此类鉴定结果持谨慎态度。

4.2.1 基本案情①

原告王某诉称，自己承包了泰和县某村土地用于果业开发，承包期自 2005 年 1 月至 2035 年 12 月。从 2010 年开始，原告在承包地种植了杂柑、梨、李等果树。2013 年进入了收获期。从 2016 年初开始，被告中铁十六局集团某工程有限公司在泰和段高铁工程施工期间，来回运土石方、材料、工程设备等，工程车的扬尘飘向原告承包地栽种的果树，使果树受到污染，导致果树冠枝枯死，不挂果，造成严重损失。原告要求被告赔偿损失。一审人民法院适用普通程序公开进行了审理。庭审中，原告请求将本案案由变更为大气污染责任纠纷。

一审法院认为，本案中原告种植的果木树出现减产、部分死亡的情形，与被告所有的工程车行驶中带来的扬尘有一定的因果关系。因环境污染发生纠纷，污染者应当就法律规定的不承担责任或者减轻责任的情形及其行为与损害结果不存在因果关系承担举证责任。故对侵权行为与损害结果之间是否存在因果关系的举证责任由被告承担。但被告不能提交充足的证据证明原告出现的损失与其工程车行驶中带来的扬尘无关或是被告采取了相应的措施足以避免了对原告果园周围环境污染，因此可认定被告工程车行驶中带来的扬尘对原告果园损害结果有因果关系，行为人因过错侵害他人民事权益，应当承担侵权责任，对于造成了他人财产损害的，应当予以赔偿。虽然本案中原告果园果树

① (2017)赣 0826 民初 2111 号，王某与中铁十六局集团某工程有限公司大气污染责任纠纷案。

受损害的事实客观存在，但原告种植的果树减产、死亡与受大气污染或病虫害及果树科学管理等均存在一定关联，因此对于工程车行驶中带来的扬尘对原告果园损害结果参与度及损失金额这一事实则应由原告方来证明。在本案中，原告王某诉称自己所种植的果木树因被告车辆行驶中扬尘污染，经济损失达 1 625 421.6 元的损害事实，是由被告所致。对造成损害 1 625 421.6 元的事实，原告王某应举证证明。虽然庭审中原告提交了相关证据，但原告提交的证据存在较大的瑕疵且被告对原告的证据均有异议，因此原告所举的证据不能证明其所述损害结果属实，一审法院认为不能从原告所提供的证据确认原告主张的损害事实存在。故一审法院驳回了原告王某的诉讼请求。王某不服，提起上诉。二审法院以事实不清、证据不足为由，撤销一审法院民事判决，发回重审。

4.2.2　出庭作证

在本案中，原告向一审法院申请吉安鹭洲司法鉴定中心鉴定人出庭作证，介绍作出鉴定意见的方法及数据来源。被告在庭审中认为鉴定机构收取鉴定费及调查费没有正规发票①，对鉴定人员资质不予认可；同时认为司法鉴定意见是原告与鉴定机构单方面做出的鉴定意见，被告及法院工作人员没有参与现场核查，是单方证据，且鉴定机构采用的照片无法核实拍照日期，客观性存疑。对此，一审法院认为因鉴定人没有鉴定资质，所以鉴定意见不能作为证据采用。

针对原告委托江西农业大学农学院出具鉴定报告用以证明原告承包山场的果树损害与被告工程车的扬尘存在必然因果关系的问题，被告提出：江西农业大学没有鉴定资格，也非鉴定机构，鉴定报告上人员署名没有鉴定资格；江西农业大学的鉴定报告是在鉴定人员与原告通过现场询问及自行采集的树叶照片进行的鉴定，鉴定机构单方询问的原告，真实性无法保证，被告及法院工作人员没有参与现场核查，真实性存疑；死亡率及枯枝率应计数计算，不可概算；江西农业大学农学院鉴定意见无客观性，应不予以采信。同时，被告提出鉴定程序违法。第一，法院通知被告参加鉴定时被告已提出管辖权异议，但当时江西农业大学已经对因果关系鉴定作出结论。第二，选定鉴定机构未通知被告，根据相关规定，选定鉴定机构以后应通知双方当事人。第三，这两家鉴定机构应通知双方当事人并有法院工作人员参与现场核查。第四，两份鉴定报告被告没有收到原件。

4.2.3　意见采信

一审法院通过对鉴定人当庭质证，认为鉴定人据以作出鉴定结果的数据均来源于原告本人自述，原告本人亦不能向法庭提交该数据来源、原始载体，另查明，原告在 2015 年 5 月 28 日至 2017 年 5 月 27 日因犯过失以危险方法危害公共安全罪被判处有期徒刑二

① 该案在一审阶段庭审后原告也未能提交鉴定费用的有效票据。

年，不知原告对损失是如何估算出的，结合对原告提交的其他证据的质证，对该鉴定结论不予采信。

在二审期间，二审法院认为，上诉人王某诉请被上诉人中铁十六局集团某工程有限公司因大气污染责任赔偿其经济损失 1 625 421.6 元。上诉人提供了经一审法院委托江西农业大学农学院、吉安鹭洲司法鉴定中心进行鉴定的鉴定报告，江西农业大学农学院的鉴定结论为上诉人果树损害与被上诉人工程车扬尘之间存在必然因果关系，导致果树受损和产量减少，扬尘应承担 80%的责任。吉安鹭洲司法鉴定中心的鉴定结论为经济损失 2 000 152 元。

被上诉人收到该经济损失司法鉴定意见初稿后，并未提出书面意见。正式鉴定意见作出后，被上诉人提出重新鉴定，一审法院亦予以同意。后被上诉人找不到有资质的鉴定机构，放弃了重新鉴定申请。该责任不能由上诉人独自承担。

一审法院在认定上诉人果树损害与被上诉人工程车扬尘之间有因果关系的同时，又以不能从上诉人所提供的证据确认其主张的损害事实存在为由，驳回上诉人的诉讼请求，属于认定基本事实不清，证据不足。

4.2.4 法律解析

在民事诉讼中，有的案件在立案阶段就需要提供一定的证据，当事人也可能先行委托鉴定机构就案件损害事实或后果出具鉴定意见，因此，鉴定意见并不都由人民法院委托。有时，当事人为了确认或否认证据的真实可靠，在诉讼过程中，也可能出现当事人单方委托鉴定机构对争议事项或证据材料进行鉴定的情况。

对于单方委托鉴定的，要么诉讼双方对鉴定意见没有争议，要么对方当事人对鉴定意见不予承认，认为该鉴定意见不具备证据能力不予以质证，而申请通过法院按照法定的程序重新委托司法鉴定。还有可能发生的情况是，对方当事人虽然可以接受诉前单方委托的鉴定，但对鉴定意见存疑，要求通过质证进行审查，或者法官认为需要通过庭审进行质证。在前述案例中，原告虽然提交了单方委托的鉴定意见，但通过鉴定人当庭质证，鉴定人据以作出鉴定结果的数据均来源于原告自述，原告亦不能向法庭提交该数据来源原始载体，导致法庭对鉴定结论不予采信。

4.2.5 鉴定相关

在实务中，经常出现的情况是对鉴定意见存疑的一方当事人申请鉴定人出庭接受质询。他们可能对全部的鉴定意见不予认可，也可能对其中的一项或几项不予认可。鉴定人如接到出庭作证的通知时，应对此加以准备。

首先，如果对方当事人对鉴定意见的质证作了充分的准备，甚至邀请有专门知识的人共同参与质证，其对鉴定意见的质证相对理性，发问多针对鉴定意见的核心问题展开。

对此，鉴定人出庭时，需要耐心听取对方的意见，避免故意使用大量的专业术语来“显示专业度”，避免利用专业知识回避与案件事实有关的专门性问题。

如果对方当事人只是按照自己对鉴定意见的分析与理解，结合既往出庭经验提出一些常见问题，如鉴定人资质、鉴定程序、鉴定依据、鉴定结论与案件相关性等，往往不太涉及专业性问题或很少追问。对此，鉴定人出庭时，要细心倾听，对质询问题在全面理解和确认的基础上认真解答，对含糊的问题在确认提问意思后再回答，对不合理的提问要先予以纠正再回答，对反复提问的问题尽量不回答，对与鉴定意见无关的问题说明拒绝回答的理由和依据。

如果对方当事人完全没有准备，凭感觉随机提问，甚至对鉴定人持有怀疑或敌对态度，其发问方式及态度往往不太友好。对此，鉴定人出庭时，要始终保持理性，回答问题时尽量避免使用带有主观色彩的用词，不要使用不恰当的比喻，更不能与当事人相互攻击。

其次，鉴定人要充分尊重法官对证据的审查职责。法官对鉴定意见存疑，或者认为有必要由鉴定人加以解答的，法官会通过亲自质询关键问题以确定鉴定意见的科学可靠性，甚至可能包括重新鉴定的必要性。鉴定人应当理解法官的工作需求，尽量予以理解和配合。

最后，鉴定人在接到出庭通知时，应向法庭询问当事人是否有专家辅助人出庭质证，如果有，需要做好针对性的准备。在出庭质证时，对于一些专门性问题，当事人、代理人甚至法官对鉴定人与专家辅助人之间的对话可能无法完全理解，这就要求鉴定人在回答问题时尽量使用通俗易懂的表达方式，注意语速不要过快，以便赢得当事人和法官的信任。同时，鉴定人要时刻保持警醒，防范专家辅助人设置提问陷阱；对于明显违背科学原理或客观事实的发言，可以从维护科学诚信的角度当庭指出，避免使用带有主观色彩的词语或产生过于激动的情绪。

4.3 鉴定人依据经验作出的鉴定结论不易被采信

如果鉴定人的结论仅基于个人经验而非科学证据，往往不易被法庭采信。在科学鉴定中，客观的数据和科学方法更为关键。没有实证支持的经验性结论可能会受到质疑。

4.3.1 基本案情[①]

原告荣昌区清升镇某水产养殖场系 2017 年 1 月 6 日成立的个体工商户，经营者为唐某，经营范围为养殖、销售鱼苗。原告在荣昌区清升镇某村承包土地用于鱼苗养殖。被

① (2021)渝 05 民终 7168 号，重庆市某农牧有限公司与荣昌区清升镇某水产养殖场水污染责任纠纷案。

告重庆市某农牧有限公司成立于2012年6月21日，经营范围为生猪养殖、销售，果蔬种植、销售，饲料、复合肥销售，农副产品（不含粮食）销售，漏粪板生产、销售，畜牧相关技术的研制、开发和转让等。原告养殖场和被告公司生猪养殖场均位于白云溪河旁，原告养殖场位于河流下游，被告公司生猪养殖场位于河流上游。原告生产养殖用水需从白云溪河取水，取水后无中间处理过程。被告的生产污水排放至白云溪河，导致白云溪河水质受到污染，原告养殖的鱼苗因此出现死亡情况。双方就鱼苗死亡问题协商无果，原告遂将重庆市某农牧有限公司告上法庭，请求判令被告赔偿因水污染导致原告2017—2019年鱼苗死亡损失共计1 005 200元。

被告认为自己没有排放污染物，不存在污染环境的行为，对原告所称的其有鱼苗死亡以及死亡造成的损失金额不予认可。

一审审理期间，原告申请对其2017—2019年的损失进行鉴定；被告申请对鱼苗死亡因果关系进行鉴定，但对鉴定意见提出异议，申请鉴定人出庭作证。因本案双方对鉴定意见争议较大，为查清事实，法院在2021年5月至6月走访了位于重庆市江津区的不同规模的三家水产养殖场，对经营收入等情况进行调查。

经审理，一审法院认为，被告排放污染物至白云溪河造成河水污染的行为已构成污染环境的行为，被告未举证证明其存在法律规定的不承担责任的情形及其行为与损害之间不存在因果关系，对原告的损失，被告依法应当承担赔偿责任；虽然原告损失客观存在，但鉴定人作出鉴定结论的依据与查明的客观实际不符，该鉴定结论损失过高，对超出部分的损失不予采信。判决被告重庆某农牧有限公司赔偿原告荣昌区清升镇某水产养殖场2017—2019年的损失216 000元，并驳回原告的其余诉讼请求。

原、被告均不服，提起上诉。二审法院经审查后，裁决上诉人某水产养殖场关于改判重庆某农牧有限公司赔偿上诉人2017—2019年的损失1 005 200元的上诉请求不能成立，应予驳回；裁决上诉人重庆某农牧有限公司关于不应承担赔偿责任及赔偿金额不合理的上诉请求不能成立，应予驳回。

4.3.2 出庭作证

本案审理过程中，原告申请对其2017—2019年的损失进行鉴定。法院委托西南大学司法鉴定所于2020年5月26日作出司法鉴定意见，鉴定意见为：唐某水产养殖场2017—2019年最大限度损失为1 436 000元，养殖水面45亩，在合理的苗种繁育场产值范围内，考虑到2016年已经有部分损失，2020年还有部分损失，同时从事规格苗养殖，应扣除生产性投入，建议损失按70%计算：1 436 000元×70%＝1 005 200元。年均1 005 200元÷3＝335 067元，亩平均335 067元÷45＝7 446元/年。该鉴定意见中分析说明部分载明：目前我国西南地区淡水水产苗种场，按养殖面积计算产值差别较大，一般在3万～15万元/亩/年。考虑到这些养殖场都有近30年以上的繁育养殖经验，建议按照8万～12万元/亩/年计算作为参考数值……原告支付鉴定费20 000元。

被告对该鉴定意见提出异议，并申请了鉴定人出庭作证。鉴定人在庭审中陈述：由于原告提交的购买、出售鱼苗的证据不完整，没有形成完整的证据链，因此原告提交的证据只是参考，没有作为鉴定的直接计算依据。鉴定意见中载明的目前我国西南地区淡水水产苗种场产值在3万～15万元/亩/年之间这个数据是鉴定人专业经验上的数据，没有官方数据。鉴定结论的损失数据，也是参考了这个数据。鉴定意见中载明的2016年和2020年的部分损失，大概占鉴定总损失的10%左右。

被告方指出，鉴定意见认定2017—2019年水花产量为零，而原告提交的证据有销售水花的记录，鉴定人表示污染的水质指标远远高于危险指标，在这种情况下不可能繁殖鱼苗，鉴定人去看的时候几乎没有收成。原告提交的购买鱼苗的证据不能采信，所以按照0产量计算。

本案审理过程中，被告申请对被告排放污水行为与原告养殖的鱼苗死亡之间是否存在因果关系进行鉴定。法院委托了四川省生态环境科学研究院对该申请事项进行鉴定。四川省生态环境科学研究院认为本案数据缺失、不完整，无法支撑该案因果关系的鉴定，遂作退案处理。

退案后，被告提出案涉水质是否导致原告养殖鱼死亡对被告是否承担赔偿责任至关重要，遂申请对荣环(监)字〔2018〕第D124号监测报告、荣环(监)字〔2019〕第D48号监测报告、荣环(监)字〔2019〕第D53号监测报告反映的水质情况与原告诉称的养殖鱼类死亡之间是否存在因果关系进行鉴定。法院委托重庆明镜司法鉴定所作出鉴定意见。鉴定意见如下。(1)重庆市某农牧有限公司是造成白云溪河流这一公共水域污染的污染源之一。(2)荣昌区清升镇某水产养殖场直接从白云溪河流抽取水用于鱼苗养殖，在未经专业处理的情况下长期采用上述河水直接养鱼，会导致鱼苗死亡。(3)三份监测报告反映的水质与该水产养殖场鱼苗死亡之间存在间接因果关系。

被告对该鉴定意见提出异议：被告认为该鉴定意见中《淡水水生生物水质基准——氨氮》(2020年版)中对氨氮浓度分为短期和长期基准进行了列举，氨氮浓度对淡水水生生物致害的短期标准远高于长期标准，而三份监测报告反映的水质系监测当时的水质数据，并未体现长期的水质情况。以一特定短时间的排污导致水体污染的程度来推断案涉水体的长期水质，并进而得出"间接因果关系"结论缺乏客观证据基础，遂申请了鉴定人出庭作证。

鉴定人在庭审中表示，鉴定意见中"长期水质"中的"长期"是指大于等于21天。根据河流的流向和排放点，夏家桥水质数据可以考虑排除被告公司污染的情况。鉴定结论以双柏树桥的氨氮浓度为准，是因为双柏树桥在河流下游，离养殖场最近。其他监测点的水质是否造成鱼苗死亡，可以根据鉴定报告中列举的水质标准对照监测报告中不同监测点的水质标准进行判断。

4.3.3 意见采信

关于期间损失问题，司法鉴定意见因与案件事实不符且与其他证据相左而未被采信。二审法院认为，根据该鉴定意见的内容以及鉴定人出庭作证时的陈述，鉴定人认为唐某水产养殖场提供的损失方面的证据不能形成完整的证据链，因此对其证据并未采信，而是以西南地区淡水水产苗种场的产值作为参考，本案中系鉴定人以自身的经验按8万～12万元/亩/年的产值进行参考，最终得出在扣除生产性投入后的损失结论。而根据法院对多家生产经营时间长、繁育养殖经验丰富的不同规模的苗种场的调查走访情况，从事鱼苗繁育和鱼苗养殖的养殖场每亩每年的产值大概在1万～3万元，远远达不到鉴定人参考计算的8万～12万元/亩/年的标准。且水产养殖场在本案中提交的自述材料也表明其产值由以前的八九千元一亩增产到2万元左右一亩，水产养殖场自述的产值与鉴定机构参考的数据差距较大。因此，鉴定人作出该鉴定结论的依据与本案查明的客观实际不符，虽然水产养殖场的损失客观存在，但该鉴定结论损失过高，该院对超出部分的损失不予采信。

关于因果关系问题，法院对司法鉴定意见予以采信。二审法院认为，根据本案认定的事实，综合三份监测报告反映的四次水质监测结果，可以看出即使白云溪河水本身已有一定程度污染，但被告单独排放的水污染物的浓度已达到可致使鱼苗死亡的浓度，被告也未举证证明尚有其他侵权主体，因此水产养殖场请求被告承担赔偿责任，符合相关法律规定。对被告辩称应该按照比例承担较轻的损害责任的意见，不予采纳。

4.3.4 法律解析

鉴定人出庭作证是当事人质证权得以行使的前提，符合程序正义。

鉴定意见应当经当事人质证。当事人双方对鉴定意见无争议，对鉴定过程、鉴定人资格无争议的，实质上可以看作当事人放弃了自己的质证权，因为权利可以行使也可以放弃，放弃权利是权利消极行使的一种方式。但这并不排除保障当事人对鉴定意见的质证权成为鉴定人出庭作证的理论基础。

4.3.5 鉴定相关

涉环境资源类案件，对环境损害司法鉴定意见的依赖在目前阶段是其他证据类型所无法比拟的。然而，正如本案中所出现的情况一样，鉴定意见本身可能受鉴定人主客观因素的影响或者其他因素的干扰，这就需要鉴定人在法庭上对鉴定活动的可靠性作出解释与说明，尤其是当事人双方或者一方对鉴定意见有异议需要鉴定人出庭作证接受质疑，鉴定人将面临不同理论的考验和证据性的检验，如何使法庭相信鉴定意见的科学性，显得尤为重要。

有研究表明，人与人之间的沟通有50%以上是靠身体语言，例如眼神、声音、小动作、身体姿势等，有关身体语言影响人们心证的生动描述。因此，鉴定意见的质证是当事人双方对鉴定意见进行辩论而获得审查最为有效的方法之一，也是审判方式改革保证程序权利实现的重要环节。法官会通过当事人和鉴定人“面对面”的质证活动及鉴定人对鉴定涉及事项的说明答疑等活动传递的信息，对是否采信鉴定意见作出自己的判断。

4.4 本章小结

随着碳达峰碳中和目标的提出，我国环境司法制度的发展也进入了快车道。随着法律制度的不断完善和环境资源类案件审判规则的不断优化，司法鉴定人出庭作证的必要性已经越来越突出。

首先，司法鉴定人出庭作证有助于增强法庭对鉴定意见的理解和把握。尽管司法鉴定人提供的鉴定意见具有很高的权威性，但这些意见往往涉及专业性强的科学知识和技术问题，法官可能难以完全理解和把握。此时，如果司法鉴定人能够出庭作证，就可以对鉴定意见进行详细的解释和阐述，帮助法庭更好地理解和掌握鉴定结果，从而更公正、更准确地进行判断。

其次，司法鉴定人出庭作证有利于保障当事人的诉讼权利。根据公正原则，当事人有权对所有影响自己权益的证据进行质证。如果司法鉴定人不能出庭作证，当事人将无法对鉴定意见质疑和质证，这就可能使当事人的诉讼权利受到损害。因此，允许并鼓励司法鉴定人出庭作证，是尊重和保障当事人诉讼权利的重要体现。

最后，司法鉴定人出庭作证可以提高司法鉴定的公信力。在一些复杂的环境资源案件中，鉴定意见可能会对案件的结果产生决定性影响。如果司法鉴定人能够出庭作证，对鉴定意见进行解释和阐述，就能够让公众看到司法鉴定的公正、公开和透明，从而增强司法鉴定的公信力。

总的来说，积极推动司法鉴定人出庭作证的实践，势在必行。

4.5 法条索引

4.5.1 《中华人民共和国民事诉讼法》(2021年修正)

第六十七条 当事人对自己提出的主张，有责任提供证据。

当事人及其诉讼代理人因客观原因不能自行收集的证据，或者人民法院认为审理案件需要的证据，人民法院应当调查收集。

人民法院应当按照法定程序，全面地、客观地审查核实证据。

第八十二条 当事人可以申请人民法院通知有专门知识的人出庭，就鉴定人作出的鉴定意见或者专业问题提出意见。

4.5.2 《最高人民法院关于适用〈中华人民共和国民事诉讼法〉的解释》(2022年修正)

第一百二十二条第一款 当事人可以依照民事诉讼法第八十二条的规定，在举证期限届满前申请一至二名具有专门知识的人出庭，代表当事人对鉴定意见进行质证，或者对案件事实所涉及的专业问题提出意见。

第一百二十二条第二款 具有专门知识的人在法庭上就专业问题提出的意见，视为当事人的陈述。

4.5.3 《最高人民法院关于审理环境民事公益诉讼案件适用法律若干问题的解释》(2020年修正)

第十五条 当事人申请通知有专门知识的人出庭，就鉴定人作出的鉴定意见或者就因果关系、生态环境修复方式、生态环境修复费用以及生态环境受到损害至修复完成期间服务功能丧失导致的损失等专门性问题提出意见的，人民法院可以准许。

前款规定的专家意见经质证，可以作为认定事实的根据。

第二十一条 原告请求被告赔偿生态环境受到损害至修复完成期间服务功能丧失导致的损失、生态环境功能永久性损害造成的损失的，人民法院可以依法予以支持。

4.5.4 《中华人民共和国民法典》

第一千一百八十四条 侵害他人财产的，财产损失按照损失发生时的市场价格或者其他合理方式计算。

4.5.5 《最高人民法院关于适用〈中华人民共和国民法典〉时间效力的若干规定》(法释〔2020〕15号)

第一条 民法典施行后的法律事实引起的民事纠纷案件，适用民法典的规定。

民法典施行前的法律事实引起的民事纠纷案件，适用当时的法律、司法解释的规定，但是法律、司法解释另有规定的除外。

民法典施行前的法律事实持续至民法典施行后，该法律事实引起的民事纠纷案件，适用民法典的规定，但是法律、司法解释另有规定的除外。

4.5.6 《诉讼费用交纳办法》(中华人民共和国国务院令第481号)

第二十九条 诉讼费用由败诉方负担，胜诉方自愿承担的除外。

部分胜诉、部分败诉的，人民法院根据案件的具体情况决定当事人各自负担的诉讼费用数额。

共同诉讼当事人败诉的，人民法院根据其对诉讼标的的利害关系，决定当事人各自负担的诉讼费用数额。

附　录

附录 1　环境损害司法鉴定指导案例

1.长江干流水域非法采砂致生态环境损害鉴定案[①]

关键词：司法鉴定　工程恢复法　非法采砂

1.1　案情概况

2016 年 5 月，某工程公司在未取得采砂许可证的情况下，组织三艘吸砂船和五艘运砂船在长江干流水域非法盗采江砂近 80 万立方米，价值逾 1 800 万元。当地人民检察院就该非法采砂破坏长江生态环境案提起公益诉讼。受当地人民法院委托，湖北省生态环境科学研究院生态环境损害司法鉴定中心对非法采砂行为造成的生态环境损害进行鉴定。鉴定人采用工程恢复法进行河道生境的理论恢复费用计算，主要为恢复采砂江段河床的原始结构，拟设计购买同等质地、同等体量的江砂回填至非法采砂区。受损江段生境恢复方面的损害价值通过理论上的恢复工程费用计算，一般包括采购江砂费用、陆运至码头的运输费、吊装费、船运至采砂区的相关费用等。根据案卷、笔录、价格认证、市场价格调研等鉴定材料和基础资料，基于已经确定的非法盗采江砂数量，采用工程造价软件中某地定额进行计算，综合得到本案非法采砂的恢复工程费用，即涉案江段生境的理论恢复费用约为 3 000 万元。同时，基于本案江段附近水域底栖动物种类、底栖生物密度、生物量和非法采砂面积，计算得到底栖生物资源的直接经济损失与恢复费用共计约1 200 元。

1.2　鉴定要点

由于本案非法采砂行为发生至鉴定时已逾五年，结合长江干流流量大、冲淤恢复能

① 《司法部发布 2021 年度十大环境损害司法鉴定指导案例》，https://www.moj.gov.cn/pub/sfbgw/jgsz/jgszjgtj/ggflfwglj/ggflfwgljtjxw/202206/t20220605_456583.html。

力强等特点，经过综合分析，鉴定机构认为采砂区域河床形态已通过冲淤回填逐渐自然恢复，无须开展实际人工修复工程。但此种情形下仍需对非法采砂造成的生态环境损害采用环境价值评估方法进行价值量化，故采用理论治理成本法，即以工程恢复法等量估算自然恢复行为的理论成本或价值。

1.3 案例意义

河砂是河流生态系统重要的组成部分，有助于维持河道相对稳定和水砂动态平衡，是固着藻类和底栖动物等附着基生物生存的物质基础。严厉打击长江流域非法采砂行为，对保护长江流域生态环境具有重要意义。本案损害发生至损害鉴定之间时间周期长，通过采用工程恢复法来进行河道生境的理论恢复费用计算，基于可取得的关于本案江段附近水域底栖生物资源的调查资料计算底栖生物资源的直接经济损失与恢复费用，为同类时间跨度大、已无须实际人工修复的水域损害价值评估提供办案思路。

2.野牦牛肉和西藏野驴肉的种属鉴定和价值鉴定案

关键词：司法鉴定　种属鉴定　基因组学方法

2.1 案情概况

2019 年，甘肃省某地公安部门查获 1 440.46 千克疑似野牦牛肉和 87.8 千克疑似西藏野驴肉。为确定涉案物品的种属，判断损害价值，经公安机关委托，云南濒科委司法鉴定中心进行了种属鉴定和价值鉴定。

鉴定人采用分子生物学方法对涉案检材进行检验鉴定。参照《野生动物及其产品的物种鉴定规范》(LY/T 2501-2015)标准，鉴定人取适量组织样品，提取每份实验样品的基因组 DNA，选用 16SrDNA 基因和 COI 基因对实验样品进行核酸扩增和测序，并采用 DNA 条形码方法进行比对鉴定。为区分牦牛是家养型还是野生型，鉴定人采用相关领域前沿的基因组学技术和群体遗传学分析方法，对 DNA 条形码鉴定为牦牛的 21 个样品进行高通量测序，获得 21 个样品的基因组，认定为野牦牛。种属鉴定及保护级别认定结论见附表 1。

附表 1　种属鉴定及保护级别认定

编号	名称	鉴定方法	物种名		保护级别	
			中文学名	拉丁名	国家	CITES
1,4～5,7～17,19～25	疑似野生动物制品	分子	野牦牛	*Bos mutus*	I	I
2～3,18	疑似野生动物制品	分子	西藏野驴	*Equus kiang*	I	II

续表

编号	名称	鉴定方法	物种名		保护级别	
			中文学名	拉丁名	国家	CITES
6	疑似野生动物制品	分子	驴	*Equus asinus*	—	—

注：a.在保护级别中，国家一栏，Ⅰ为国家一级保护动物，Ⅱ为国家二级保护动物，Ⅲ为"国家保护的有益的或者有重要经济、科学研究价值的陆生野生动物"(简称"三有"动物)。CITES 一栏，Ⅰ为列入《濒危野生动植物种国际贸易公约》(CITES)附录Ⅰ的物种，Ⅱ为列入 CITES 附录Ⅱ的物种。

b.各物种的种属：

野牦牛：偶蹄目牛科牦牛属野牦牛 *Bos mutus*。

西藏野驴：奇蹄目马科西藏野驴 *Equus kiang*。

驴：奇蹄目马科驴 *Equus asinus*。

在经济价值计算方面，鉴定人根据原国家林业局《野生动物及其制品价值评估方法》(2017 年国家林业局第 46 号令)的相关规定，计算得出涉案物品经济价值合计8 600 000元。

2.2 鉴定要点

本案在种属鉴定的方法上采用了 DNA 条形码和基因组学两种前沿的分子生物学技术，通过对送检鉴定材料进行 DNA 提取、扩增、测序、比对分析、群体遗传学分析等，确定送检材料为野牦牛肉和西藏野驴肉。

2.3 案例意义

野牦牛和西藏野驴都是国家一级保护动物，数量稀少。2020 年 2 月 24 日《全国人民代表大会常务委员会关于全面禁止非法野生动物交易、革除滥食野生动物陋习、切实保障人民群众生命健康安全的决定》明确提出严厉打击非法野生动物交易、全面禁止食用野生动物。对野生动物及其制品的种属鉴定和价值鉴定，为盗猎、非法买卖和走私珍稀动物等违法犯罪行为的认定提供了专业技术支持，也为保护生物多样性作出了贡献。

附录2　环境损害司法鉴定中国法律服务网案例

1.重庆市中正司法鉴定中心对河堤抛掷废液污染土壤情况进行生态环境损害鉴定案[①]

关键词:土壤污染　生态环境损害实物量化

1.1　案情简介

2021年11月12日上午,某市生态环境局接到该市某镇环保网格员反映,位于某镇某社区某江河堤外侧一空地上堆有大量的铁皮桶,地面一坑内积有大量橘黄色废液,且散发着刺鼻的气味。该市生态环境保护综合行政执法大队执法人员立即对上述点位进行了现场检查,发现该社区某江河堤外侧一打了围的闲置砂石地上堆有大量的铁皮桶,后经清点,现场装有废液的铁皮桶577个,空铁皮桶241个,共计818个(每个铁皮桶容量200升)。地面上有一个长约7米、宽约2米、深约0.7米的砂土渗坑,坑内积有大量橘黄色不明废液,且散发着刺鼻的气味。某环境咨询服务有限公司对上述砂石渗坑内橘黄色不明液体及铁皮桶内废液进行采样监测,结果显示上述两处液体中均含有汞、砷、镉、苯、甲苯等水污染物,初步判定砂石坑内的橘黄色液体与铁皮桶内的废液一致。经查,砂坑内橘黄色不明废液是该社区居民幸某于2021年11月11日所倾倒。

后经调查核实,当事人幸某在2021年11月4日至11月11日期间,从某化工有限公司转运818个装有该公司不明废液的铁皮桶到该社区某江河堤外侧闲置砂石地上堆放,并于11月11日组织人员将其中的241个铁皮桶内的不明废液倾倒在该堆场的砂坑和导流沟内进行排放。2021年11月13日至11月14日,该市生态环境局进行了现场应急处置。现场提取818个铁皮桶共计135吨,抽取渗坑废液10.54吨,提取污泥6.12吨。经该市生态环境局认定,倾倒的废液及铁皮桶内的废液属于有毒物质。

该市人民检察院委托重庆市中正司法鉴定中心对幸某利用渗坑排放水污染物案所造成的生态环境损害进行司法鉴定并出具司法鉴定意见书。

1.2　鉴定过程

1.2.1　资料查阅与核实

鉴定人通过详细了解案件经过、行政职能部门组织开展的应急处置工作,查阅前期

---

① 《重庆市中正司法鉴定中心对河堤抛掷废液污染土壤情况进行生态环境损害鉴定案》,https://alk.12348.gov.cn/Detail? dbID=56&dbName=SJYW&sysID=28172。

环境损害鉴定评估报告和涉案土地性质等资料，明确环境污染行为。

根据历史卫星影像(2017—2021 年)，涉案场地 2017 年前一部分为农田，一部分为荒地；2019 年区域内原有农田全部变为荒地，北侧新建两处彩钢瓦房屋；2020—2021 年东侧新建多处彩钢瓦房屋。

1.2.2 现场勘察

2022 年 5 月 14 日，重庆市中正司法鉴定中心鉴定专家、工作人员与委托方工作人员一同前往该社区进行现场踏勘，了解涉案场地及其周围区域的现状等，分析可能的污染物和污染区域，制定土壤样品采集工作方案。

涉案场地位于该镇某社区某江河堤外侧一闲置砂石地上。责任人堆放的废弃铁皮桶已经被政府组织转运、处置。

涉案场地四周主要为农用地，倾倒点周边 500 米范围内主要敏感目标为居民区、农田、地表水体(某江)。

1.2.3 土壤点位布设与样品采集

本次鉴定土壤点位布设与样品采集于 2022 年 5 月 14 日和 6 月 6 日分两次进行：

第一，参考某环境咨询服务有限公司出具的土壤环境损害鉴定评估报告中对涉案场地土壤污染范围的初步划定，在现场共布设 16 个点位。采用地质钻探机对各点位进行土壤样品钻探采集，钻探最大深度至基岩层。工作人员共采集 26 个土壤样品，最大采样深度为 6 米。

第二，在第一次土壤样品采集和检测结果基础上，在污染点位外围继续加大布设新的点位，以探明土壤污染空间范围。在现场共增设 8 个点位。使用挖掘机挖掘出土壤剖面，再对各点位进行土壤样品采集。工作人员第二次共采集 13 个土壤样品，最大采样深度为 2 米。

此外，2022 年 5 月 14 日，工作人员在涉案场地外的四个不同方位布设 5 个对照点位。取样深度为 0～0.2 米的表层土。

土壤样品采集、保存、流转过程质量控制参照《建设用地土壤污染风险管控和修复监测技术导则》(HJ 25.2—2019)的相关规定进行。

1.2.4 土壤样品检测

参考某环境咨询服务有限公司出具的土壤环境损害鉴定评估报告中土壤污染物超标情况，本次鉴定土壤样品检测项目包括 11 个，即 pH，镉，铅，汞，苯，甲苯，乙苯，间、对二甲苯，邻二甲苯，氯仿，二氯甲烷。样品检测由具有 CMA 资质的某检测技术有限公司完成。土壤样品检测过程质量控制参照《建设用地土壤污染风险管控和修复监测技术导则》(HJ 25.2-2019)的相关规定。

1.2.5 鉴定依据

法律法规：(1)《中华人民共和国环境保护法》；(2)《中华人民共和国土壤污染防治

法》;(3)《中华人民共和国固体废物污染环境防治法》;(4)《土壤污染防治行动计划》;(5)《污染地块土壤环境管理办法》;(6)《四川省污染地块土壤环境管理办法》;(7)《土壤污染防治行动计划四川省工作方案》。

标准与技术规范:(1)《生态环境损害鉴定评估技术指南　总纲和关键环节　第1部分:总纲》(GB/T 39791.1—2020);(2)《生态环境损害鉴定评估技术指南　总纲和关键环节　第2部分:损害调查》(GB/T 39791.2—2020);(3)《生态环境损害鉴定评估技术指南　环境要素　第1部分:土壤和地下水》(GB/T 39792.1—2020);(4)《土壤环境质量　农用地土壤污染风险管控标准(试行)》(GB 15618—2018);(5)《污染地块风险管控与土壤修复效果评估技术导则》(HJ 25.5—2018);(6)《土壤环境监测技术规范》(HJ/T 166—2004)。

1.3　分析说明

1.3.1　损害调查确认

1.3.1.1　关于损害行为调查确认

经有关部门调查核实,责任人幸某在2021年11月4日至11月11日期间,从某化工有限公司转运818个装有该公司不明废液的铁皮桶到某市某镇某社区某江河堤外侧闲置砂石地上堆放,并于11月11日组织人员将其中的241个铁皮桶内的不明废液倾倒在该堆场的砂坑和导流沟内进行排放。经市生态环境局认定,倾倒的废液及铁皮桶内的废液属于有毒物质。根据某咨询服务有限公司出具的土壤环境损害鉴定评估报告,确认土壤存在镉,铅,汞,二氯甲烷,苯,甲苯,间、对二甲苯,邻二甲苯等环境损害。综上,责任人非法倾倒有毒物质损害生态环境的行为明确。

1.3.1.2　关于环境基线调查

根据《生态环境损害鉴定评估技术指南　环境要素　第1部分:土壤和地下水》(GB/T 39792.1—2020)"6.4.2 基于对照区调查数据":"当缺乏评估区域的历史数据或历史数据不满足要求时,可以利用未受污染环境或破坏生态行为影响的'对照区域'的历史或现状数据确定基线。"又根据《生态环境损害鉴定评估技术指南　环境要素　第1部分:土壤与地下水》(GB/T 39792.1—2020)"6.4.1　基于历史数据":"对于服从正态分布的数据,当污染或破坏导致评价指标升高时,采用历史数据的90%参考值上限(算术平均数+1.65标准差)作为基线""对于不服从正态分布的数据,当污染或破坏导致评价指标升高时,采用历史数据的第90百分位数作为基线"。

通过正态分布检验,涉案场地外5个土壤对照点位的检测结果,除铅、苯和甲苯外,其余均服从正态分布,因此,服从正态分布的污染物均采用"数据的90%参考值上限(算术平均数+1.65标准差)作为基线",不服从正态分布的污染物铅、苯和甲苯的数据采用"第90百分位数作为基线"。通过计算,得出涉案场地pH,镉,铅,汞,苯,甲苯,乙苯,间、对二甲苯，邻二甲苯，氯仿，二氯甲烷的土壤环境基线值。

1.3.1.3 关于损害确定

根据某检测技术有限公司检测报告，相比环境基线值，涉案场地的土壤镉，铅，汞，苯，甲苯，乙苯，间、对二甲苯，邻二甲苯，氯仿均超标。根据《生态环境损害鉴定评估技术指南 环境要素 第1部分：土壤和地下水》(GB/T 39792.1—2020)“6.5 损害确定”的规定“a)调查点位土壤与地下水中特征污染物的浓度或相关理化指标(包含 pH、电导率等)超过基线水平”，可以确认涉案场地土壤生态环境受到了损害。

1.3.2 因果关系分析

1.3.2.1 关于时间顺序合理的问题

相比环境基线值，涉案场地土壤镉，铅，汞，苯，甲苯，乙苯，间、对二甲苯，邻二甲苯，氯仿均超标，因此，可以判定责任人非法倾倒固体废物(铁皮桶)内的有毒废液在涉案场地砂坑和导流沟内的污染环境行为在时间顺序上先于场地土壤受损的发生，即环境暴露与环境损害的时间顺序具有合理性。

1.3.2.2 关于传输路径合理的问题

责任人非法倾倒有毒废液在涉案场地砂坑和导流沟内，其中的重金属元素和挥发性有机物在降水淋溶作用下通过土壤孔隙向四周和纵深的土壤迁移，与土壤颗粒吸附，从而造成土壤污染，因此，污染物传输路径具有合理性。

1.3.2.3 关于污染源排他性的问题

涉案场地周边无可能产生重金属元素和挥发性有机物污染源的生产企业，因此，污染源具有排他性。

综上所述，责任人非法倾倒有毒废液与涉案场地受到损害存在直接因果关系。

1.3.3 生态环境损害实物量化

1.3.3.1 关于损害程度

通过比较环境基线值和涉案场地的土壤污染物检测结果，涉案场地的土壤镉超标12.24%～89.80%，铅超标17.19%，汞超标0.92%～58.72%，苯超标315%～159 900%，甲苯超标224%～360 900%，乙苯超标11.67%～433 233.33%，间、对二甲苯超标31.54%～98 361.54%，邻二甲苯超标19.29%～89 614.29%，氯仿超标128%～31 500%。

1.3.3.2 关于损害时间范围

经有关部门调查核实，当事人幸某在2021年11月4日至11月11日期间，从某化工有限公司转运818个装有该公司不明废液的铁皮桶到某市某镇某社区某江河堤外侧闲置砂石地上堆放，并于11月11日组织人员将其中的241个铁皮桶内的不明废液倾倒在该堆场的砂坑和导流沟内进行排放。因此，本案生态环境损害的时间范围以2021年11月11日责任人非法倾倒有毒废液为起点，持续到受损生态环境恢复至基线为止。

1.3.3.3　关于损害空间范围

涉案场地内土壤污染物超标点位统计如下。

(1)汞超标点位共 8 个,即点位 T1、T2、T10、T12～T16,污染深度 0.5～3 米;(2)镉超标点位共 2 个,即点位 T4 和 T5,污染深度 1.5～3 米;(3)铅超标点位共 1 个,即点位 T5,污染深度 1.5 米;(4)氯仿超标点位共 2 个,即点位 T8 和 T9,污染深度 1.5～3 米;(5)苯超标点位共 4 个,即点位 T6、T8～T10,污染深度 1.5～3 米;(6)乙苯超标点位共 8 个,即点位 T4～T6、T8～T11、T14,污染深度 0.5～4.5 米;(7)甲苯超标点位共 6 个,即点位 T6～T10 和 T20,污染深度 0.7～3 米;(8)间、对二甲苯超标点位共 6 个,即点位 T6、T8～T11 和 T14,污染深度 0.5～4.5 米;(9)邻二甲苯超标点位共 6 个,即点位 T6、T8～T11 和 T14,污染深度 0.5～3 米。综上,点位 T1、T2、T4～T16、T20 的土壤污染物超过了基线值。根据对涉案场地内土壤污染物超标点位的统计结果,将污染区域划为三个。每个分区内,将各点位的地理坐标在地图上连接起来,通过软件计算面积。最大污染深度以检测到的未受污染深度或至基岩层的深度为止。

三个污染区域的具体情况如下。

(1)污染区域 1:包括监测点位 T1、T2、T4～T11、T13,土壤污染面积为 494 平方米,最大污染深度 6 米,污染方量 988 立方米。(2)污染区域 2:包括监测点位 T12、T14～T16,土壤污染面积为 300 平方米,最大污染深度 3 米,污染方量 900 立方米。(3)污染区域 3:包括监测点位 T20,土壤污染面积为 25 平方米,最大污染深度 1 米,污染方量 25 立方米。综上,涉案场地土壤污染总面积为 819 平方米,总污染方量 1 913 立方米。

1.3.4　生态环境损害价值量化

1.3.4.1　关于清除污染的费用计算

相关行政部门或环保公司参与前期应急处置产生的费用包括:(1)某市某镇人民政府提供的处置有毒物品费用清单,包括吊车、叉车、塑胶桶、吨袋、人工费等,共计 32 850 元。(2)将涉案固体废物应急转移并暂存于某环保科技有限公司库房产生的费用共计 69 350 元。(3)2022 年 1 月 23 日、24 日,某物流有限公司运输涉案固体废物至某地进行处置的运费共计 156 567 元。上述各项共计 258 767 元(即 32 850 元+69 350 元+156 567 元=258 767 元)。

1.3.4.2　关于生态环境修复费用

鉴于涉案场地土壤的主要污染物为汞、苯系物(苯,甲苯,乙苯,间、对二甲苯,邻二甲苯)和氯仿,参考《生态环境损害鉴定评估技术指南　环境要素　第 1 部分:土壤和地下水》(GB/T 39792.1—2020)中"附录 B(资料性附录) 常用土壤恢复技术适用条件与技术技能",可知热脱附技术、原位化学氧化技术、异位化学氧化技术、气相抽提技术均可处置土壤中的挥发性有机物污染,然而要同时处理重金属汞的污染,只有热脱附技术满足修复要求。根据附录 B 中所指出的,该技术国内处理成本为 600～2000 元/吨。另一方面,重庆市中正司法鉴定中心向四川省三家环保公司进行热脱附技术土壤修复费用的市场询价，可知处置单价为 1 200～1 800 元/立方米，取最低价1 200 元/立方米进行计算，修复受损土壤费用为 2 295 600 元(即 1 200 元/立方米×1 913 立方米＝2 295 600 元)。

1.3.4.3 关于生态系统期间损失

根据《生态环境损害鉴定评估技术指南 总纲和关键环节 第 1 部分：总纲》(GB/T 39791.2—2020)“7.3.1 确定恢复目标 原则上，应将受损生态环境及其服务功能恢复至基线。自生态环境损害发生到恢复至基线的持续时间大于一年的，应计算期间损害，制定基本恢复方案和补偿性恢复方案；小于等于一年的，仅需制定基本恢复方案”，责任人于 2021 年 11 月 11 日组织人员将有毒废液倾倒在涉案堆场的砂坑和导流沟内进行排放距鉴定时不足一年，因此，暂不涉及计算期间损害。

1.3.4.4 关于事务性费用

该市生态环境局委托某环境咨询服务有限公司对幸某利用渗坑排放水污染物案土壤环境损害鉴定评估费为 98 000 元。该市人民检察院委托重庆市中正司法鉴定中心对幸某利用渗坑排放水污染物案所造成的生态环境损害进行司法鉴定的评估费为 90 000 元。因此，事务性费用共计 188 000 元。

综上，生态环境损害赔偿费用包括清除污染的费用258 767 元，生态环境修复费用 2 295 600 元，事务性费用 188 000 元，三项之和共计 2 742 367 元。

1.4 鉴定意见

责任人幸某在 2021 年 11 月 4 日至 11 月 11 日期间，从某化工有限公司转运 818 个装有该公司不明废液的铁皮桶到某江河堤外侧闲置砂石地上堆放，并于 11 月 11 日组织人员将其中的 241 个铁皮桶内的不明废液倾倒在该堆场的砂坑和导流沟内进行排放。经该市生态环境局认定，倾倒的废液及铁皮桶内的废液属于有毒物质。责任人非法倾倒有毒物质损害生态环境的行为明确。

通过比较环境基线值和涉案场地的土壤污染物检测结果，涉案场地的土壤镉超标 12.24%～89.80%、铅超标 17.19%、汞超标 0.92%～58.72%、苯超标 315%～159 900%、甲苯超标 224%～360 900%、乙苯超标 11.67%～433 233.33%，对二甲苯超标 31.54%～98 361.54%、邻二甲苯超标 19.29%～89 614.29%、氯仿超标 128%～31 500%。因此，可以确认涉案场地土壤生态环境受到了损害。

涉案场地土壤污染总面积为 819 平方米，总污染方量 1 913 立方米。

生态环境损害赔偿费用包括清除污染的费用258 767 元，生态环境修复费用 2 295 600 元，事务性费用 188 000 元，三项之和共计 2 742 367 元。

2.广东省汕尾市××湾××沉船事故海域水环境质量与油指纹比对司法鉴定案[①]

关键词:海洋污染

2.1 案情简介

2012年3月13日13时30分左右,韩国籍化学品船××在航经广东省汕尾市海域时发生进水事故后沉海。该船装载有7 000吨浓硫酸和140吨燃油,7 000吨浓硫酸分布在船体中间的6个货舱内。2012年3月22日,地方海事局向海事法院提起诉讼,诉求索赔清污费、防污费、打捞费等。中央电视台等各大媒体密集报道相关事故的处理进展,引起了社会广泛关注。

更重要的是,××沉船上装载的140吨燃油和7 000吨浓硫酸存在极大泄漏风险,一旦发生燃油和浓硫酸泄露,将可能造成特别重大海上污染事件,船东将可能面临巨额的海洋渔业资源和生态环境损害索赔。对此,2012年5月,韩国A海运株式会社和B海运协会联合委托山东海事司法鉴定中心,在沉船事故处理期间(包括船载硫酸和燃油过驳抽取前,过驳过程和船舶打捞过程中),进行事故海域的水环境质量跟踪调查和跟踪监测,对沉船事故海域不同时间段的水环境质量,客观、科学地进行司法鉴定评估,以确定沉船事故海域的海水是否受到“硫酸”和/或“油类”的污染,如是,则进一步分析污染的程度以及该污染是否由××沉船事故所致。

山东海事司法鉴定中心本着科学、公正的原则,通过对××沉船海域不同时间段的海水pH、海水油类含量进行了监测分析,同时进行了油指纹比对鉴定,给出了科学的司法鉴定意见。沉船事故没有造成水域油类和酸类水质污染。

2.2 鉴定过程

收到委托后,山东海事司法鉴定中心依据国家《海洋监测规范》(GB 17378—2007)、《海洋调查规范》(GB 12763—2007)和《海面溢油鉴别系统规范》(GB/T 21247—2007),对××沉船事故海域进行了三次调查与监测,并采集海水样品及油样品进行分析鉴定。海水油类含量按照《海洋监测规范》(GB 17378—2007)紫外分光光度法进行。海水pH采用水质参数仪进行现场测定。

站位布设原则和方法:一是考虑到打捞船舶前后以及打捞过程时间段进行调查,尽量在沉船周围布设,站位数不少于15个;二是根据前次调查超标站位分布情况,调整后

① 《广东省汕尾市××湾××沉船事故海域水环境质量与油指纹比对司法鉴定案》,https://alk.12348.gov.cn/Detail?dbID=56&dbName=SJYW&sysID=2592。

续调查站位的布设；三是考虑到××湾东岸码头陆源影响；第四考虑到××湾湾口的可能影响。

三次监测调查时间分别为2012年5月上旬、5月下旬和9月下旬，并分别设置16个、17个和19个水质监测调查站位。监测表层和底层海水pH大小，并采集表层和底层海水样品，进行油含量测定，同时采集船载油样品，作为油指纹比较分析的对象。第一次监测调查站位见附图1(其中M0为沉船点)。第二次和第三次监测调查站位与之相近。

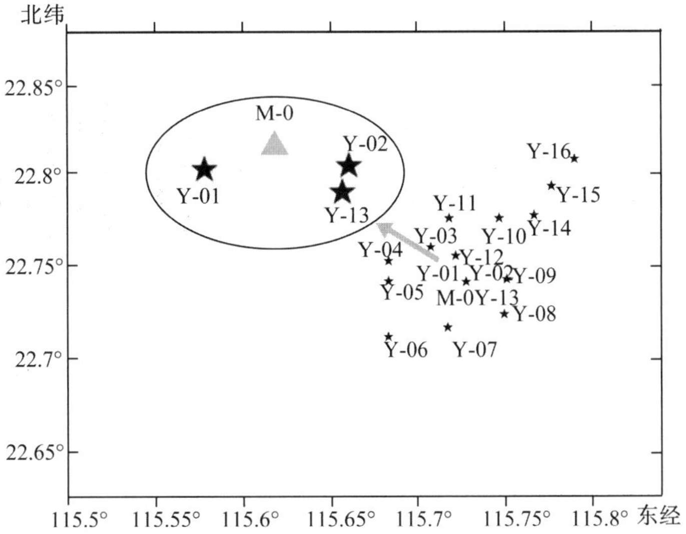

附图1 第一次监测调查站位

2.3 分析说明

2.3.1 鉴定标准

海水水质鉴定采用国家《海水水质标准》(GB 3097—1997)中二类水质标准。

2.3.2 鉴定方法

海水油类和pH鉴定方法采用单因子指数法进行鉴定评价。污染指数数值等于或小于1，表明水质满足水质标准要求(水质不超标)；污染指数数值大于1，表明水质不能满足水质标准要求(水质超标)。

2.3.3 监测分析结果

附图2至附图4分别为三次调查海域海水pH监测结果，附图5至附图7分别为三次调查海域海水油类监测结果。由此可知以下几点。

在第一次监测的16个站位中，调查海域表层和底层海水的pH全部符合国家《海水水质标准》(GB 3097—1997)二类水质要求；调查海域表层海水油类全部超过国家《海水水质标准》(GB 3097—1997)二类水质要求，底层海水油类全部符合国家海水标准二类水质要求。

在第二次监测的 17 个站位中，调查海域表层和底层海水的 pH 全部符合《海水水质标准》(GB 3097—1997)二类水质要求；表层海水油类有 6 个站位超过《海水水质标准》(GB 3097—1997)二类水质要求，底层海水油类全部符合《海水水质标准》(GB 3097—1997)二类水质要求。

在第三次监测的 19 个站位中，无论表层海水、底层海水油类和 pH 全部符合《海水水质标准》(GB 3097—1997)二类水质要求。

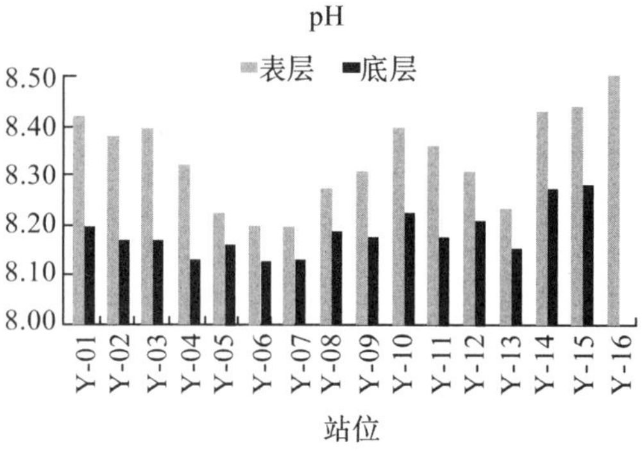

附图 2　第一次调查海域海水 pH 监测结果

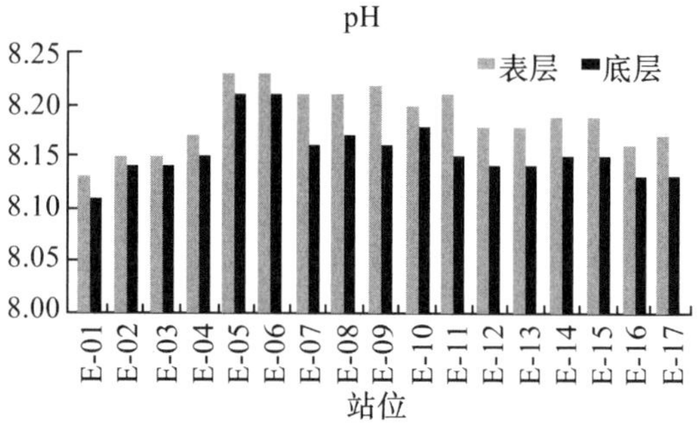

附图 3　第二次调查海域海水 pH 监测结果

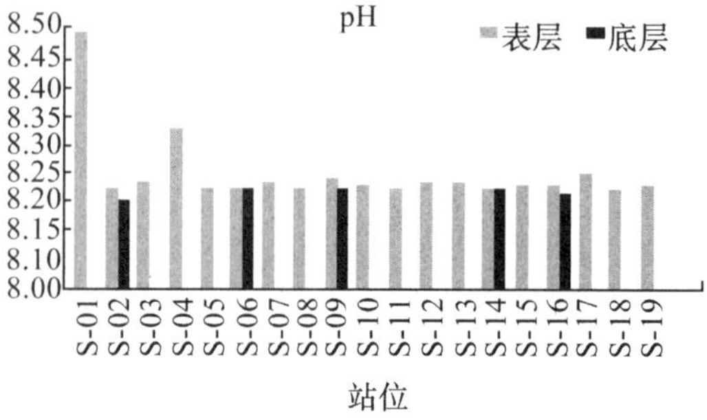

附图 4　第三次调查海域海水 pH 监测结果

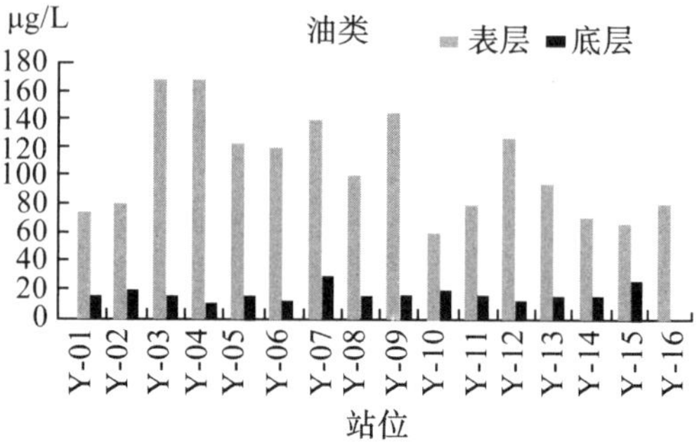

附图 5　第二次调查海域海水油类监测结果

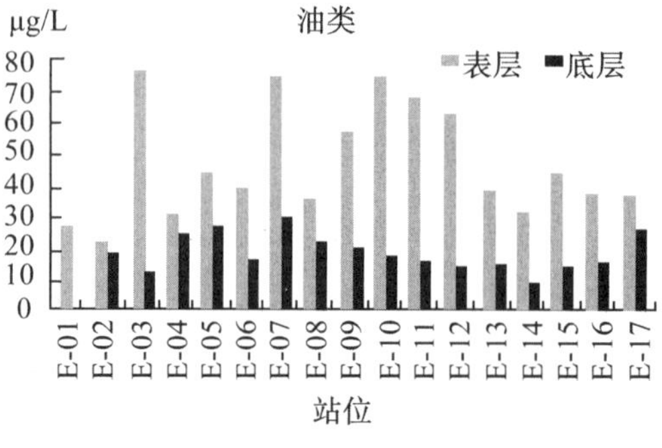

附图 6　第二次调查海域海水油类监测结果

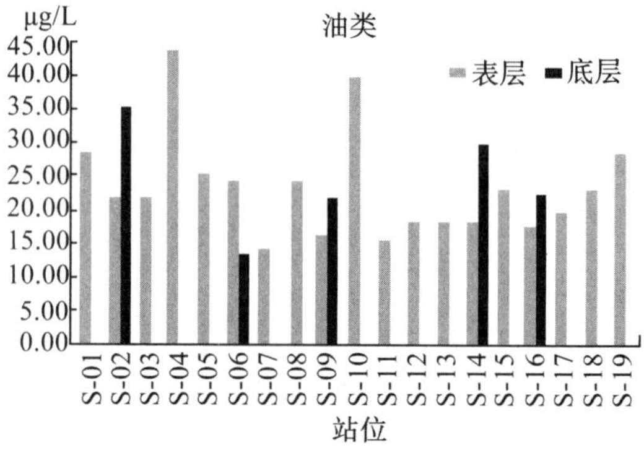

附图 7　第三次调查海域海水油类监测结果

（四）油指纹谱图比对结果

依据《海面溢油鉴别系统规范》(GB/T 21247—2007)，采用气相色谱—质谱联用(GC-MS)方法进行指纹鉴定。对主要油类超标站位的样品进行油指纹比对分析，得出调查海域超标站位样品油指纹特征参数比值与沉船油样指纹特征参数比值存在显著性差异，油指纹不一致。

2.4 鉴定意见

2012 年 5 月上旬至 9 月下旬期间进行了三次沉船事故海域调查。

pH：调查海域表层和底层海水 pH 符合国家《海水水质标准》(GB 3097—1997)二类水质要求，调查海域海水没有受到酸污染。

底层海水油类：调查海域底层海水油类符合国家《海水水质标准》(GB 3097—1997)二类水质要求，调查海区底层海水没有受到油类污染。

表层海水油类：2012 年 5 月上旬调查海域 16 个站位和 5 月下旬 6 个站位表层海水油类超过《海水水质标准》(GB 3097—1997)二类水质要求；2012 年 9 月下旬调查海域表层海水油类符合《海水水质标准》(GB 3097—1997)二类水质要求。

油指纹比对：调查海域超标站位海水油样品指纹与沉船油样品指纹不一致。

3.广西华森林业司法鉴定中心对非法采伐国家重点保护植物罪犯罪嫌疑人砍伐植物物种进行司法鉴定案[①]

关键词：植物物种

3.1 案情简介

2017 年 5 月 9 日，某县森林公安局接到群众电话报警，该县某村有一棵楠树被人砍伐，要求派员查处。

经查，该县某村村民李某于 2014 年 7 月擅自到该林区内砍伐一株林木，报案群众认为被砍伐的林木为二级保护植物楠树。办案民警从伐桩的根部提取了一片带皮的木块，从根部萌芽的几个芽条中提取一根带叶片的枝条，从已经腐化的主干上提取了一块木块作为检材送检。

① 《广西华森林业司法鉴定中心对非法采伐国家重点保护植物罪犯罪嫌疑人砍伐植物物种进行司法鉴定案》，https://alk.12348.gov.cn/Detail? dbID=56&dbName=SJYW&sysID=7016。

3.2 鉴定过程

3.2.1 检材处理

委托人送来的检材系办案民警在现场提取的植物标本三份，包括枝条一份、树皮一份、木材一份。鉴定人使用放大镜、尺子对检材进行观察和测量，获取检材的主要特征并进行记录；使用数码照相机对检材进行拍照，获取影像。检材经鉴定后，登记造册并存放于植物标本室保存。

3.2.2 鉴定方法和程序

本次鉴定采用形态学分类鉴定方法，即以植物形态特征为主要分类标准对检材的物种名称进行分类鉴定。鉴定人根据自身掌握的植物分类学知识和经验，初步判断检材的科、属名称后，查阅《中国植物志》等权威文献的分类检索表及形态描述，结合广西华森林业司法鉴定中心植物标本室馆藏标本比对，根据检材的形态特征确定具体物种名称。

3.3 分析说明

3.3.1 检材的分类学特征

树皮灰白色，质地软。木材淡黄色，略带香气；散孔材；弦切面导管明显；生长轮明显。取自伐桩上萌发的枝条圆柱形，绿色，小枝被毛。叶革质，披针形或倒披针形，大小变化较大，长 5～17.5 厘米，宽 1.7～3.7 厘米，先端渐尖或长渐尖，基部渐窄或楔形，下面被短柔毛，脉上被长柔毛，中脉于叶面凹下，在叶背凸起；侧脉 10～14 对，在叶面平坦或略下陷，在叶背凸起；网脉致密，在下面呈明显的网格状；叶柄长 0.5～0.8 厘米。花、果未见。

3.3.2 检材分类地位判断

检材的形态特征与《中国植物志》第三十一卷中关于闽楠的形态特征描述和墨线图所示特征吻合，据此确定样品的树种名称为闽楠。①

3.3.3 保护级别

根据 1999 年 8 月 4 日由国务院批准并由国家林业局和农业部发布，1999 年 9 月 9 日起施行的《国家重点保护野生植物名录（第一批）》，闽楠的保护级别为国家 II 级。

3.4 鉴定意见

3.4.1 树种名称

科属名：樟科，楠属

中文名：闽楠（别名兴安楠木）

① 中国科学院中国植物志编辑委员会主编：《中国植物志》第三十一卷，科学出版社 1982 年版，第 112～114 页。

拉丁名:*Phoebe bournei*(Hemsl.)Yang

3.4.2 保护级别

在李某涉嫌非法采伐国家重点保护植物罪中,被砍伐的植物物种闽楠属国家II级重点保护野生植物。

4.云南德胜司法鉴定中心对某省某工业园区血铅异常事件、环境污染损害事件的原因进行鉴定案①

关键词:血铅含量超标 因果关系

4.1 案情简介

2012年8月21日,某县某乡一村民的5个月大婴儿在某市某医院诊断为漏斗胸,血液中铅含量超标。8月24日,该村民向当地政府反映此情况,当地群众也陆续将子女送往医院检查。此后,在卫生厅专家组的指导下,某县政府组织涉事区域附近村民集中进行血铅检测工作。根据2012年12月23日该县卫生局出具的血铅超标、中毒人员统计情况说明,共计采集血样857份,经检测后,共发现血铅超标人数达241名,其中15人为涉铅企业职工,该事件致59人中毒,其中儿童重度中毒患者3名。事发后,为查明环境污染损害事件的真实原因及某工业园区四家涉铅企业的污染权重责任,依法追究刑事责任,云南德胜司法鉴定中心遂受该县公安局委托进行鉴定。

4.2 鉴定过程

云南德胜司法鉴定中心接受该县公安局委托后,派遣司法鉴定小组于2013年11月13日到达现场,对某工业园区内的相关企业及当地相关管理部门进行情况了解和现场勘验。

某工业园区规划定位以有色金属冶炼及压延加工、铁合金、化工、材料为主导产业。园区内现有企业12家,主要以有色金属冶炼及压延加工、铁合金企业为主。经过走访和现场勘验,最终确定重点调查企业四家,分别为某有限公司(二分厂)、某矿业有限公司(三分厂)、某有色金属回收有限公司、某矿业有限公司。

重点调查的四家涉铅企业中,主要对项目规模和使用设备等是否符合国家产业政策,建成规模和设施等与环评所述内容是否一致,环保设施及生产系统是否规范,环保设施是否满足生产需要,以及存在的主要环境问题等五个方面展开细致的勘验。

重点调查的涉铅企业划定后,除现场勘验外,鉴定人员还多渠道收集相关资料,详细

① 《云南德胜司法鉴定中心对某省某工业园区血铅异常事件、环境污染损害事件的原因进行鉴定案》,https://alk.12348.gov.cn/Detail? dbID=56&dbName=SJYW&sysID=497。

了解四家企业的生产运行、环境管理和污染物排放等方面的情况。

4.3 分析说明

4.3.1 区域环境质量现状

某市某监测站的现状监测结果表明：

环境空气：某村布设的三个监测点，空气中铅浓度为0.0006～0.0015毫克/立方米，但因环境空气质量标准中无日浓度限值，未评价。

土壤环境：在该工业园区内临近某村的三、四、五、六组及厂区周边采集的9个土壤样本中，铅浓度为30.9～385毫克/千克，其中某村六组(385毫克/千克)和某公司周边耕地(302毫克/立方米)土壤中铅浓度超过《土壤环境质量标准》(GB 15618—1995)二级标准的要求，其余七个点位土壤达到《土壤环境质量标准》(GB 15618—1995)二级标准的要求。

地表水和饮用水：区域所选择的地表水和饮用水监测断面，水体中铅含量均满足《地表水环境质量标准》(GB 3838—2002)Ⅲ类标准要求。

集尘含铅：园区内各企业厂区内周边积尘中铅含量高，在选取的23处点位中，有16处铅含量超过10 000毫克/千克，最高值达82 752毫克/千克。涉事区域农户家中积尘中均检出铅元素，含量在1 466～5 491毫克/千克。

4.3.2 区域地形地貌及风向对污染扩散的不利影响

某工业园区所在地为狭长山谷，谷底与两边山脉相对高差较大，山底宽带狭窄，不利于污染物扩散。

区域年平均风速较小，静风频率很高，约占总频率的41%以上，尤其以秋冬两季最为突出，大气稳定度以中性和稳定为主，对大气污染物的扩散稀释不利。

从村庄和工厂的相对位置看，敏感目标处于三家涉铅企业常年主导风向下风向或侧下风向，地形条件因素造成污染物不易扩散，特别是在夜间逆温的情况下较容易产生气态污染物堆积现象。

4.3.3 区域涉铅企业范围的划定

通过对项目地点和区域企业的认真分析，本次重点调查的涉铅企业为如下四家：某有限公司(二分厂)、某矿业有限公司(三分厂)、某有色金属回收有限公司、某矿业有限公司。

4.3.4 四家涉铅企业污染排放情况

从企业排放物达标情况看，某有限公司(二分厂)、某矿业有限公司(三分厂)、某矿业有限公司三家企业烟气有组织排放和厂界无组织排放均做到了达标排放。某有色金属回收有限公司有组织源达标排放，厂界无组织中铅超过了《大气污染物综合排放标准》(GB 16297—1996)限值1.28倍。

通过对四家企业的铅物料平衡，某有色金属回收有限公司铅实际损失量为236.82吨/年；某矿业有限公司铅实际损失量为14.76吨/年；某矿业有限公司（三分厂）铅实际损失量为27.9吨/年；某有限公司（二分厂）铅实际损失量为22.43吨/年；从以上结果可看出，某有色金属回收有限公司占该区域铅损失量的78.44%，是区域铅损失的主要贡献者。结合项目环评中的"总物料平衡"及"元素平衡"计算分析，某有色金属回收有限公司吨产品铅排放系数为某矿业有限公司和某有限公司（二分厂）的13倍；为某矿业有限公司（三分厂）的36倍（该厂由于产量大，吨产品排放系数就很小），同时也佐证了区域内铅的主要贡献者为某有色金属回收有限公司。

4.3.5　四家涉铅企业相关情况及存在的问题

在四家涉铅企业中，某有限公司（二分厂）、某矿业有限公司（三分厂）、某矿业有限公司三家，项目规模和使用设备等符合国家产业政策。建成规模和设施等与环评所述内容基本一致。环保设施可以满足生产需要。其存在的主要问题集中在初期雨水收储系统，以及进、出料口无集气罩等问题上。其造成的影响和污染在可控范围内。

某有色金属回收有限公司项目未按照环评所述工程内容进行建设，且环保设施未做到"三同时"；使用淘汰落后设备及工艺；烧结机和碱洗处理设备未改造前，无组织排放较严重，烧结机烟气仅经过简易处理直接排放，其污染较为严重；改造后，对于有组织排放处理设施基本可满足生产需要，但由于设备和生产技术的先天缺陷，厂界无组织排放污染物仍超标。从项目生产及改造历程来看，目前该生产系统相较技改前污染物排放浓度和强度大大降低，但由于设备和生产技术的先天缺陷，以及公司环境管理的失位，使该公司成为区域铅污染主要贡献者。

4.4　鉴定意见

根据国家和行业有关规范、标准，结合现场勘验、调查、询证和核实，对工业园区血铅异常事件环境污染损害司法鉴定意见结果如下。

某有色金属回收有限公司在工业园区血铅异常事件环境污染损害中应承担主要责任。

某有限公司（二分厂）、某矿业有限公司同属区域涉铅企业，在受影响村庄的上风向，长期的含铅烟气的排放对周围环境铅浓度升高存在一定责任。

某矿业有限公司（三分厂）设备运行状况良好，环保设施完善，管理相对规范。距离污染区域有一定距离，且有山梁阻隔，项目厂区距离受影响敏感村庄边缘750米（该侧有山峦阻隔）～1350米，且处于敏感点下风向或侧下风向。因此，某矿业有限公司（三分厂）对血铅异常村庄的污染责任较小。

5.司法鉴定科学研究院对非法开垦致草原湿地破坏时间进行环境损害鉴定案①

关键词:湿地破坏　草原

5.1　案情简介

涉案人王某分别于2002年11月30日、2005年4月1日与某市某镇人民政府和某市某县畜牧局草原站签订草原湿地承包合同,分别承包20年和5年,承包草原湿地面积16.33公顷和38亩,合同中要求只准放牧,不得开荒种地,不得改变草原用途。但相关部门通过现场勘验核实,发现在该草原承包合同范围区域内,承包人将国有草原变为耕地面积分别为18.87公顷和58.2亩。该案双方争论的焦点为涉案地块承包前是否就存在破坏,故委托鉴定机构鉴定涉案地块的具体开垦时间。

5.2　鉴定过程

通过现场调查,鉴定人员确定11个涉案地块的现状开垦情况,1～3号和5～9号地块现均耕种农作物大豆,4号地块现弃耕,长满杂草,10～11号地块因地势低洼及周边水系涨水已被淹没。因未能获取到涉案地块的相关历史监测数据,根据高分辨率遥感数据结合现场情况,鉴定人员核实选取了与涉案地块生态环境特征相似且面积较大的两块对照草原湿地地块,并经委托方工作人员确认两块对照草地从2000年至今一直未被开垦,编号分别为12号(grass2)和13号(grass1)。

鉴定人员参照《草原资源与生态监测技术规程》(NY/T 1233—2006)、《卫星遥感植被监测技术导则》(QX/T 188—2013)和《农作物种植面积遥感监测规范》(NY/T 3527—2019),通过对2000—2019年涉案地块植被覆盖进行比对,分析主要植被指数的年际变化。鉴定人员选取归一化植被指数(Normalized Difference Vegetation Index, NDVI)进行植被覆盖程度、生长状况等信息分析。根据委托方提供的鉴定材料及相关信息,涉案地块在开垦耕地后主要种植大豆单一作物,参照《农作物种植面积遥感监测规范》(NY/T 3527—2019),大豆一般在5月播种,生长期5个月左右。参考相关文献(刘焕军、于胜男、张新乐等:《一年一季农作物遥感分类的时效性分析》,《中国农业科学》2017年第5期)研究结果,6月1日大豆处于出苗期;7月4日大豆处于开花期与结荚期之间;9月21日大豆处于成熟期。相关研究表明,黑龙江主要农作物的生长季基本在4—10月(第113～305天),7—8月(第193～225天)长势达到峰值,NDVI最高值约为0.8,其间与其他

① 《司法鉴定科学研究院对非法开垦致草原湿地破坏时间进行环境损害鉴定案》,https://alk.12348.gov.cn/Detail?dbID=56&dbName=SJYW&sysID=28146。

土地利用类型的差异最为明显。[①] 因此，本鉴定提取 2000—2019 年时间序列中 5—10 月的 NDVI 数值，根据大豆在播种前、出苗期以及生长期 NDVI 数值低于对照地块，而成熟期 NDVI 数值接近或高于对照地块的判断依据，通过涉案地块与对照地块 NDVI 数值的变化曲线趋势对比预判其土地发生耕种的时间。

考虑到涉案地块面积相对较小，且研究时间跨度较长，鉴定人员进一步基于遥感目视判读识别涉案地块土地属性。目视解译工作主要基于 2000—2019 年 5—10 月高分辨率影像通过对比涉案地块和对照草地地块、水系周围辅助对照草地地块间 NDVI 的差异，并结合涉案区域高程 DEM 影像图，确定涉案地块土地属性可能突变的年份。

5.3　分析说明

参照《农作物种植面积遥感监测规范》（NY/T 3527—2019），5—6 月为大豆播种期，若涉案地块为耕地，此时已开始除草和播种，则 NDVI 值低于无人为干扰的对照草地，此时若涉案地块与对照草地的 NDVI 值接近，则说明涉案地块未发生扰动，仍为草地。8 月作物长势达到高值，此时涉案地块若为耕地，NDVI 值接近或高于对照草地；9 月是作物成熟期，9 月底或 10 月初作物陆续开始被收获，涉案地块 NDVI 值偏低。所以 5—10 月，涉案地块若为耕地，由于受到人为干扰，NDVI 值变化明显，在影像上呈现橙黄—浅绿—深蓝—橙黄的颜色变化（如附表 2 所示），除非受到洪水侵袭。

附表 2　基于高分辨率影像涉案区域研究地块 NDVI 值对比（以 2017 年为例）

时间	2017.05.29	2017.05.08	2017.05.15	2017.06.09
影像 NDVI图例 <0 0~0.2 0.2~0.3 0.3~0.4 0.4~0.5 0.5~0.6 0.6~0.7 0.7~0.8 0.8~0.9	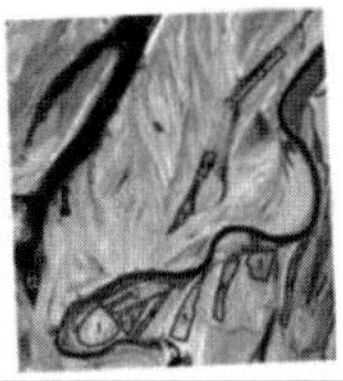	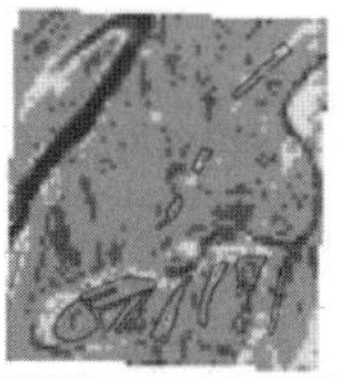	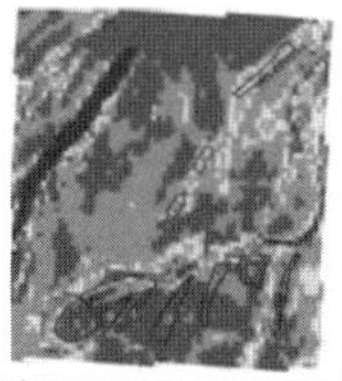	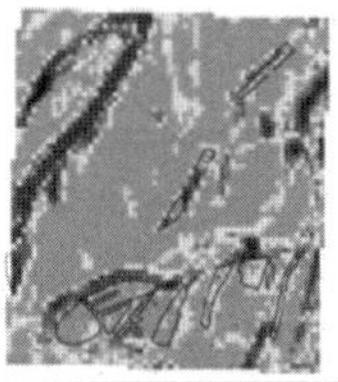
说明	2017年，推测所有涉案地块均为耕地。	5月，推测涉案地块开始播种。对照地块由于没有人为干扰，植被生长较好。		6月初，推测播种完毕，涉案地块NDVI值显著低于对照地块。
时间	2017.08.12	2017.09.13		
影像 NDVI图例 <0 0~0.2 0.2~0.3 0.3~0.4 0.4~0.5 0.5~0.6 0.6~0.7 0.7~0.8 0.8~0.9	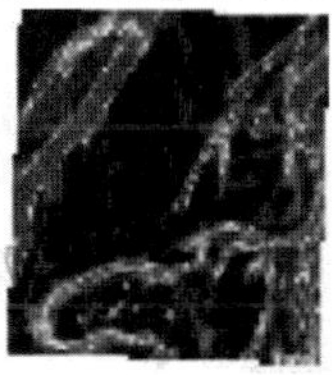	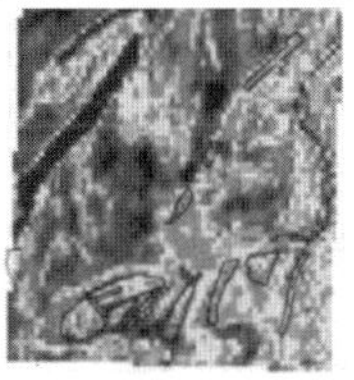		
说明	对照地块、10和11号地块可能遭水淹。	涉案地块与对照地块NDVI值逐渐趋于接近。		

① 周思、何祺胜、刘宝柱：《基于 MODIS 的黑龙江省农作物种植结构提取研究》，《地理空间信息》，2018 年第 1 期。

综合涉案地块NDVI时间序列分析和遥感目视解译分析，推测涉案地块土地耕种的可能年份，如附表3所示。

附表3　涉案地块可能出现耕种的年份

涉案地块编号	最早转换年份	年份																			
		2000	2001	2002	2003	2004	2005	2006	2007	2008	2009	2010	2011	2012	2013	2014	2015	2016	2017	2018	2019
1	2009										√	√		√	√	√	√	√	√	√	√
2	2006							√			√	√	√	√	√	√	√	√	√	√	√
3	2006							√			√	√	√	√	√	√	√	√	√	√	√
4	2000	√		√	√	√		√	√	√	√	√	√	√	√	√	√	√	√	√	√
5	2000	√	√	√	√	√		√	√	√	√	√	√	√	√	√	√	√	√	√	√
6	2003				√	√	影像数据异常	√			√	√	√	√	√	√	√	√	√	√	√
7	2010											√	√	√	√	√	√	√	√	√	√
8	2006							√	√	√		√	√	√	√	√	√	√	√	√	√
9	2008									√	√	√	√	√	√	√	√	√	√	√	√
10	2010											√	√	√	√	√	√	√	√	√	√
11	2010											√	√	√	√	√	√	√	√	√	√

注："√"表示可能出现耕种的年份。

5.4　鉴定意见

2002—2019年1～11号涉案地块发生耕种的可能年份及年限如附表4所示。

附表4　涉案地块发生耕种的年份及年限

涉案地块编号	最早耕种年份	耕种年限/年
1	2009	10
2	2006	12
3	2006	12
4	2002年以前	18
5	2002年以前	19
6	2003	14
7	2010	10
8	2006	13
9	2008	12
10	2010	10
11	2010	10

6.司法鉴定中心对某养殖公司向湖中投饵养殖污染湖泊水体情况进行环境损害鉴定案[①]

关键词:养殖污染 水体破坏

6.1 案情简介

从2014年开始,某湖由某生态种养殖有限公司承包进行生态渔业养殖。根据当地环境保护局现场执法检查资料证实,该公司在其承包养殖期间多次向大湖中投放磷肥、氮肥、豆渣、啤酒糟以及有机肥等。根据湖泊历年水质监测数据,该湖泊整体水质类别由2013年的Ⅲ类逐渐降至2016年的Ⅴ类,水质恶化,主要超标项目为总磷,水质营养状态呈中富营养状态级别。

6.2 鉴定过程

在本案中,某生态种养殖有限公司渔业养殖的投肥行为发生在其承包湖泊进行养殖的2014—2016年期间,由于发生投肥行为的时间点早已过去,且湖泊实际上存在多重总磷污染来源,因此,鉴定人员拟采用虚拟治理成本法来评估渔业投肥养殖造成的水体环境损害数额。

鉴定人员通过调取湖泊水质的历年监测数据以及当地环境保护局的行政执法数据,取得本案所涉特征污染物指标总磷浓度数据,用以确定该湖泊在该公司承包养殖前的总磷基线水平并确认环境损害。通过当地监察委取得该公司在承包湖泊养殖期间历年的投肥、投饵总量,并采用虚拟治理成本法计算得到其投饵投肥行为理论上可造成的湖泊水体环境损害数额。

6.3 分析说明

根据当地环境监测站提供的2013年度该湖水质监测结果统计表,鉴定人员将其2013年总磷监测结果平均值0.0516毫克/升作为该公司承包湖泊进行渔业养殖之前的水质总磷基线水平。

2014年、2015年,当地环境保护局进行执法检查均发现该公司在大湖码头卸载过磷酸钙、氮肥并通过运肥船进行投肥。通过执法监测报告,在投肥现场采集的大湖码头水样总磷浓度为0.397毫克/升,湖入口水样总磷为0.169毫克/升,湖心水样总磷为0.221毫克/升,湖出口水样总磷为0.128毫克/升,分别较基线水平的0.051 6毫克/升超标

① 《司法鉴定中心对某养殖公司向湖中投饵养殖污染湖泊水体情况进行环境损害鉴定案》,https://alk.12348.gov.cn/Detail? dbID=56&dbName=SJYW&sysID=13353。

6.69 倍、2.28 倍、3.28 倍、1.48 倍，均达到环境损害确认要求。

根据笔录提供投肥量，按磷肥化学式进行计算得到 2014 年度投肥所涉总磷量约为 70 吨；根据笔录提供投饵量，按饵料中有效磷成分进行计算得到 2015—2016 年度投饵所涉总磷量约为 10 吨。

按照该湖泊 2013 年基线水平，采用虚拟治理成本法计算得到 2014—2016 年间该湖渔业养殖投肥投饵行为造成水环境损害的最低数额约为 200 万元。（意见：是否考虑了环境功能区敏感系数）

6.4 鉴定意见

2014—2016 年，该生态种养殖有限公司承包某湖进行渔业养殖，存在向湖泊投放含磷肥料、饵料进行养殖的行为。

2014 年、2015 年当地环境保护局两次现场执法采样的监测报告显示，投肥后湖泊水样总磷浓度均显著超过基线水平并达到损害确认要求，确认造成大湖水环境损害。

按虚拟治理成本法计算得到某生态种养殖有限公司投肥投饵进行渔业养殖造成湖泊水环境损害的最低数额约为 200 万元。

附录3　出庭作证相关规定

1.《司法部关于进一步规范和完善司法鉴定人出庭作证活动的指导意见》

时效性：现行有效

发文机关：司法部

文号：司规〔2020〕2号

发文日期：2020年5月27日

施行日期：2020年5月27日

效力级别：部门规范性文件

各省、自治区、直辖市司法厅(局)，新疆生产建设兵团司法局：

为了规范和指导司法行政机关登记管理的司法鉴定人出庭作证活动，保障诉讼活动的顺利进行，根据《全国人民代表大会常务委员会关于司法鉴定管理问题的决定》和有关法律、法规的规定，制定本指导意见。

一、本指导意见所称的司法鉴定人出庭作证是指经司法行政机关审核登记，取得司法鉴定人执业证的司法鉴定人经人民法院依法通知，在法庭上对自己作出的鉴定意见，从鉴定依据、鉴定步骤、鉴定方法、可靠程度等方面进行解释和说明，并在法庭上当面回答质询和提问的行为。

二、人民法院出庭通知已指定出庭作证鉴定人的，要由被指定的鉴定人出庭作证；未指定出庭作证的鉴定人时，由鉴定机构指定一名或多名在司法鉴定意见书上签名的鉴定人出庭作证。

司法鉴定机构要为鉴定人出庭提供必要条件。

三、人民法院通知鉴定人到庭作证后，有下列情形之一的，鉴定人可以向人民法院提出不到庭书面申请：

(一)未按照法定时限通知到庭的；

(二)因健康原因不能到庭的；

(三)路途特别遥远，交通不便难以到庭的；

(四)因自然灾害等不可抗力不能到庭的；

(五)有其他正当理由不能到庭的。

经人民法院同意，未到庭的鉴定人可以提交书面答复或者说明，或者使用视频传输等技术作证。

四、鉴定人出庭前，要做好如下准备工作：

（一）了解、查阅与鉴定事项有关的情况和资料；

（二）了解出庭的相关信息和质证的争议焦点；

（三）准备需要携带的有助于说明鉴定的辅助器材和设备；

（四）其他需要准备的工作。

五、鉴定人出庭要做到：

（一）遵守法律、法规，恪守职业道德，实事求是，尊重科学，尊重事实；

（二）按时出庭，举止文明，遵守法庭纪律；

（三）配合法庭质证，如实回答与鉴定有关的问题；

（四）妥善保管出庭所需的鉴定材料、样本和鉴定档案资料；

（五）所回答问题涉及执业活动中知悉的国家秘密、商业秘密和个人隐私的，应当向人民法院阐明；经人民法院许可的，应当如实回答；

（六）依法应当做到的其他事项。

六、鉴定人到庭作证时，要按照人民法院的要求，携带本人身份证件、司法鉴定人执业证和人民法院出庭通知等材料，并在法庭指定的鉴定人席就座。

七、在出庭过程中，鉴定人遇有下列情形的，可以及时向人民法院提出请求：

（一）认为本人或者其近亲属的人身安全面临危险，需要请求保护的；

（二）受到诉讼参与人或者其他人以言语或者行为进行侮辱、诽谤，需要予以制止的。

八、鉴定人出庭作证时，要如实回答涉及下列内容的问题：

（一）与本人及其所执业鉴定机构执业资格和执业范围有关的问题；

（二）与鉴定活动及其鉴定意见有关的问题；

（三）其他依法应当回答的问题。

九、法庭质证中，鉴定人无法当庭回答质询或者提问的，经法庭同意，可以在庭后提交书面意见。

十、鉴定人退庭后，要对法庭笔录中鉴定意见的质证内容进行确认。

经确认无误的，应当签名；发现记录有差错的，可以要求补充或者改正。

十一、出庭结束后，鉴定机构要将鉴定人出庭作证相关材料归档。

十二、司法行政机关要监督、指导鉴定人依法履行出庭作证义务，定期或者不定期了解掌握鉴定人履行出庭作证义务情况。

十三、司法行政机关要健全完善与人民法院的衔接机制，加强鉴定人出庭作证信息共享，及时研究解决鉴定人出庭作证中的相关问题，保障鉴定人依法履行出庭作证义务。

十四、司法行政机关接到人民法院有关鉴定人无正当理由拒不出庭的通报、司法建议，或公民、法人和其他组织有关投诉、举报的，要依法进行调查处理。

在调查中发现鉴定人存在经人民法院依法通知，拒绝出庭作证情形的，要依法给予其停止从事司法鉴定业务三个月以上一年以下的处罚;情节严重的,撤销登记。

十五、司法鉴定行业协会要根据本指导意见,制定鉴定人出庭作证的行业规范,加强鉴定人出庭作证行业自律管理。

十六、本指导意见自公布之日起实施。

2.《湖北省公安厅、湖北省高级人民法院、湖北省人民检察院关于进一步加强公安机关侦查人员、鉴定人员出庭作证工作的通知》

时效性:现行有效

发文机关:湖北省高级人民法院,湖北省人民检察院,湖北省公安厅

文号:鄂公通〔2016〕107 号

发文日期:2016 年 11 月 23 日

施行日期:2016 年 11 月 23 日

效力级别:地方规范性文件

各市、州、县人民法院、人民检察院、公安局,武汉铁路运输两级法院、检察院:

为贯彻落实以审判为中心的刑事诉讼制度改革要求,进一步加强公安机关侦查人员、鉴定人员出庭作证工作,保证刑事诉讼活动顺利进行,现就有关要求通知如下:

一、加强学习,提高认识,提升出庭作证能力

推进以审判为中心的刑事诉讼制度改革,是党的十八届四中全会部署的重要任务。坚持以审判为中心,关键在于以庭审为中心,推动庭审实质化。今年 7 月,最高人民法院、最高人民检察院、公安部、国家安全部、司法部联合印发了《关于推进以审判为中心的刑事诉讼制度改革的意见》,省委办公厅制定了我省贯彻落实的实施意见,强调要完善对证人、鉴定人的法庭质证规则,落实证人、鉴定人、侦查人员出庭作证制度,提高出庭作证率。各级公安机关要充分认识侦查人员、鉴定人员出庭作证工作是庭审实质化的重要内容,是提高办案质量、确保司法公正的重要环节,迅速组织广大民警深入学习相关法律和政策,通过专题培训、庭审旁听、模拟法庭等多种方式,促使侦查人员、鉴定人员尽快适应角色转换,熟悉作证规则,增强心理素质,掌握作证要领,全面、准确、流利陈述事实和说明问题,提高接受法庭调查及控辩双方交叉询问的能力。要坚持不懈地推进公安执法规范化建设,提升民警规范执法的能力,从源头上为侦查人员、鉴定人员出庭作证奠定坚实基础。要认真执行《湖北省公安机关侦查人员、鉴定人员出庭作证或说明情况工作规定》,主要领导要亲自研究推进,法制、督察等部门要加强督促检查,各办案单位要加强保障,积极推动侦查人员、鉴定人员出庭作证工作的落实。

二、准确把握出庭作证的适用范围

侦查人员、鉴定人员出庭作证或说明情况是指人民法院因审理刑事案件需要,依法

通知侦查人员、鉴定人员出庭，当庭就案件有关事实、鉴定的有关事项进行说明，接受询问并如实陈述的诉讼活动。

侦查人员、鉴定人员应当出庭作证或说明情况的范围主要包括：经人民法院通知侦查人员就其执行职务时目击的犯罪情况或实施的侦查行为出庭作证或说明情况的；人民法院认为现有证据材料不能证明证据收集的合法性，有必要通知侦查人员出庭说明情况的；证据存在瑕疵且无法补正，侦查人员有必要出庭作出合理解释的；公诉人、当事人或者辩护人、诉讼代理人对鉴定意见有异议，或鉴定意见存在瑕疵，或与其他鉴定意见相矛盾，人民法院认为有必要通知鉴定人员出庭说明情况的；其他人民法院认为侦查人员、鉴定人员有必要出庭作证的情形。公安机关认为有必要时，也可以主动提请人民检察院申请人民法院通知或提请人民法院通知侦查人员、鉴定人员出庭说明情况。

由县级以上公安机关出具书面意见，经人民法院准许，侦查人员、鉴定人员可以不出庭作证或说明情况的范围包括：有充分证据证明侦查人员、鉴定人员的侦查活动、鉴定活动是合法的；侦查人员、鉴定人员出庭作证或说明情况可能影响与本案相关联的其他案件侦查的；作证或说明情况的内容直接涉及侦查工作秘密，侦查人员、鉴定人员出庭作证或说明情况可能产生严重后果，采取相关保护措施不足以避免的；危害国家安全犯罪、恐怖活动犯罪、黑社会性质组织犯罪、重大毒品犯罪或其他严重暴力犯罪，侦查人员、鉴定人员出庭作证或说明情况可能危及本人及其近亲属人身安全，采取保护措施不足以消除危险的；侦查人员、鉴定人员因患重病等特殊原因无法出庭作证或说明情况的；其他人民法院认为侦查人员、鉴定人员可以不出庭作证的情形。

各级公安机关对人民法院通知侦查人员、鉴定人员出庭的，要严格按照以上范围督促本单位侦查人员、鉴定人员出庭作证或说明情况，切实提高出庭作证率。侦查人员、鉴定人员无正当理由拒不出庭作证，影响案件审理的，按照有关规定给予行政处分。

三、严格遵循出庭作证的程序要求

各级公安机关要细化和规范侦查人员、鉴定人员出庭作证或说明情况的工作程序。法制部门统一归口管理侦查人员、鉴定人员出庭作证工作，并指导侦查人员、鉴定人员做好庭前准备工作。法制部门收到人民法院要求侦查人员、鉴定人员出庭作证或说明情况的通知后，应及时通知相关侦查人员、鉴定人员。侦查人员、鉴定人员收到人民法院出庭通知后，应在24小时内向所在单位的领导和法制部门报告。侦查人员、鉴定人员所在单位和法制部门应及时与人民检察院、人民法院办案人员进行沟通，了解出庭作证或说明情况的具体时间、内容、程序和要求。

出庭的侦查人员、鉴定人员应当准时到达法庭，按照要求出示有效证件，做到仪表端庄、举止文明，自觉遵守法庭纪律，服从法庭指挥，不得实施妨碍诉讼的行为。侦查人员、鉴定人员出庭作证或说明情况，其内容仅限于对客观事实的陈述和对证据、鉴定活动合法性的说明。侦查人员对与案件有关的提问，应当客观、公正、实事求是地予以陈述，不得作猜测性、评论性、推断性的证言，不得涉及与作证内容无关的问题。鉴定人员应当围绕鉴定依据的材料以及方法、步骤、分析、意见等与鉴定有关的事项进行陈述。侦查人员、鉴定人员对与案件或鉴定事项无关以及涉及侦查工作秘密的问题，经法庭同意，可以拒绝回答。侦查人员、鉴定人员当庭陈述与其之前提交的证明材料不一致的，应当庭说明原因。庭审结束后，侦查人员、鉴定人员要仔细阅读庭审笔录中有关本人作证或说明情况的记录，认为记载有遗漏或者差错的，可以要求补充或者改正。没有错误的，应当签名或者盖章。

四、加大对出庭侦查人员、鉴定人员的保护力度

侦查人员、鉴定人员出庭作证或说明情况可能危及本人或者其近亲属的人身安全的，其所在单位可以决定或者向人民法院申请采取以下一项或者多项保护措施：不公开真实姓名、住址和工作单位等个人信息；不暴露外貌、真实声音等出庭作证措施；禁止特定的人员接触侦查人员、鉴定人员及其近亲属；对人身和住宅采取专门性保护措施；其他必要的保护措施。决定对出庭的侦查人员、鉴定人员采取不公开个人信息保护措施的，审判人员应当在开庭前核实其身份，在判决书、裁定书等法律文书中使用化名等代替其个人信息。侦查人员、鉴定人员因出庭作证或说明情况，其人身权利、民主权利受到侵害的，有权依据相关法律法规规定要求保护。因出庭作证或说明情况造成人身伤亡或财产损失的，侦查人员、鉴定人员及其近亲属有权获得优抚和救济。

各级公安机关、人民检察院和人民法院对侦查人员、鉴定人员出庭作证或说明情况要采取有效保护措施，防止有关信息外泄导致侦查人员、鉴定人员及其近亲属的人身安全遭受侵害。

各级人民法院、人民检察院、公安机关要加强协调会商，及时解决侦查人员、鉴定人员出庭作证或说明情况工作过程中出现的实际问题。对于执行过程中出现的问题，请及时分报湖北省高级人民法院、湖北省人民检察院、湖北省公安厅。

湖北省高级人民法院

湖北省人民检察院

湖北省公安厅

2016 年 11 月 23 日

3.北京市高级人民法院、北京市司法局印发《关于民事和行政诉讼鉴定人出庭作证若干规定》的通知

时效性：现行有效

发文机关：北京市高级人民法院，北京市司法局

文号：京高法发〔2017〕469 号

发文日期：2017 年 11 月 7 日

施行日期:2017年12月8日

效力级别:地方司法文件

市第一、第二、第三、第四中级人民法院,北京知识产权法院;各区人民法院,北京铁路运输法院,各区司法局;市高级法院相关部门:

经北京市高级人民法院和北京市司法局共同讨论通过,现将《关于民事和行政诉讼鉴定人出庭作证若干规定》印发给你们,请遵照执行。

北京市高级人民法院

北京市司法局

2017年11月7日

北京市高级人民法院　北京市司法局
关于民事和行政诉讼鉴定人出庭作证若干规定

第一条　为规范鉴定人出庭作证,加强人民法院对鉴定意见的审查工作,完善鉴定人出庭作证的审查、启动和告知程序,根据《中华人民共和国民事诉讼法》《中华人民共和国行政诉讼法》规定,参照《最高人民法院与司法部关于建立司法鉴定管理与使用衔接机制的意见》,结合本市实际情况,制定本规定。

第二条　本规定所称的鉴定人是指经司法行政机关审核登记,取得《司法鉴定人执业证》,对民事和行政诉讼涉及的专门性问题进行鉴别和判断并提出鉴定意见的人员。

第三条　经当事人申请,人民法院同意或者人民法院决定的,鉴定人应当出庭作证,回答与鉴定事项有关的问题。

第四条　鉴定人履行出庭义务的情形包括:

(一)完成鉴定工作,出具鉴定意见的;

(二)终止鉴定程序,出具终止鉴定函的;

(三)接受书面质询,出具质询答复意见的;

(四)对鉴定事项作出其他处理意见的。

第五条　人民法院依据当事人申请或依职权决定鉴定人出庭作证的,应当在开庭5个工作日前以书面形式通知到鉴定机构和鉴定人。人民法院变更出庭作证的时间、地点的,应当在开庭5个工作日前重新以书面形式通知到鉴定机构和鉴定人。

通知书内容应当包括:

(一)鉴定人姓名;

(二)鉴定文书的编号或委托书中的案件编号;

(三)案件当事人或被鉴定人的姓名;

（四）出庭作证的事由或争议焦点；

（五）开庭时间、地点、法院联系人以及联系方式；

（六）其他需要说明的事项和要求。

必要时，人民法院可以在出庭通知书后附质询问题的提纲以及需提供的相关材料清单。

鉴定人未在规定期间接到通知的，可以拒绝出庭。

鉴定机构应当为鉴定人出庭提供必要条件。

第六条　有下列情形之一，鉴定人提出书面申请并经人民法院准许的，可以不出庭作证：

（一）两名以上鉴定人共同出具的鉴定意见，已有一名鉴定人出庭，并向法院提交了其他鉴定人的书面授权；

（二）鉴定人因突发疾病、重病或者行动极为不便的；

（三）鉴定人因自然灾害等不可抗力的原因无法出庭的；

（四）因其他客观原因无法出庭的。

如有必要，经人民法院书面通知，未出庭的鉴定人可以书面答复。

第七条　鉴定人出庭作证应当做到：

（一）遵守法律、尊重科学、遵循客观事实；

（二）举止文明、措辞严谨、表述清楚；

（三）遵守法庭纪律，如实回答与鉴定事项有关的问题；

鉴定人在遇到当事人言辞不善时，应保持冷静，并提请法庭予以处理。

第八条　人民法院在鉴定人出庭时应当核查以下内容：

（一）鉴定人的基本情况；

（二）鉴定人的执业资格；

（三）鉴定人是否为出具该案鉴定意见的鉴定人；

（四）鉴定人是否存在应当回避的情形；

（五）鉴定程序是否符合相关规定；

（六）根据案件需要，其他有必要核查的事项。

第九条　人民法院应当按照庭审质证程序组织双方当事人就与鉴定事项相关的问题分别进行质询，并根据案件审理需要直接向鉴定人提问。

当事人提出与鉴定事项无关的问题或使用威胁、侮辱以及恶意引导的语言和方式时，法庭应当予以制止，鉴定人向法庭说明意见后，可以拒绝回答。

出庭作证的鉴定人应当在庭审后核对含有作证内容的笔录，并签字确认。

第十条　依当事人申请或者人民法院依职权可以通知具有专门知识的人出庭，对鉴定人就鉴定意见或者与鉴定事项相关的问题进行质询，人民法院应当将过程记入笔录。

第十一条 鉴定人在规定期间内接到人民法院出庭通知，无正当理由拒不出庭作证的，鉴定意见不得作为人民法院认定事实的根据；当事人可以要求返还鉴定费。

第十二条 根据当事人的申请，鉴定人在人民法院指定日期出庭发生的交通费、住宿费、生活费和误工补贴，由人民法院指定负有缴费义务的当事人在鉴定费用之外另行支付。人民法院代为收取。

人民法院依职权要求鉴定人出庭的，由人民法院支付鉴定人出庭发生的交通费、住宿费、生活费和误工补贴。

在相关法律法规、司法解释颁布实施前，交通费、住宿费、生活费暂时按照本市机关事业单位工作人员差旅费用标准计算；误工补贴按照国家有关规定执行。

第十三条 人民法院应为司法鉴定人出庭作证提供便利，司法鉴定人可以持《司法鉴定人执业证》免于安检进入人民法院，并可以携带鉴定相关辅助设备进入法庭，以方便出庭回答问题。

有条件的人民法院应为鉴定人候审提供专门的通道、等候区域，设立专门的庭审席位。经人民法院同意，鉴定人可以使用视听传输技术或者同步视频作证室等作证。

第十四条 人民法院应当对鉴定人的住址、联系方式、身份证号码等个人信息予以保密。

第十五条 任何单位和个人均不得以任何方式阻止、干扰鉴定人出庭作证。

当事人或者其他人对出庭作证的鉴定人进行侮辱、诽谤、诬陷、殴打或者打击报复的，人民法院可以根据情节轻重对行为人分别作出罚款、拘留的决定；涉嫌犯罪的，移送公安机关依法追究刑事责任。

第十六条 未列入司法鉴定执业许可登记管理的鉴定人员出庭作证的，参照本规定执行。

第十七条 本规定由北京市高级人民法院、北京市司法局负责解释。

第十八条 本规定自二〇一七年十二月八日起实施，《北京市高级人民法院北京市司法局关于司法鉴定人出庭作证的规定(试行)》同时废止。

4.广东省高级人民法院印发《关于刑事案件出庭作证工作的指导意见(试行)》的通知

时效性：现行有效

发文机关：广东省高级人民法院

文号：粤高法〔2017〕76号

发文日期：2017年4月26日

施行日期：2017年4月26日

效力级别：地方司法文件

全省各级人民法院：

《关于刑事案件出庭作证工作的指导意见（试行）》已经省法院刑事审判专业委员会讨论通过，现予以印发，请参照执行。

在执行过程中遇到问题，请及时报告省法院刑三庭。

特此通知。

广东省高级人民法院

2017年4月26日

关于刑事案件出庭作证工作的指导意见（试行）

为落实以审判为中心的刑事诉讼制度改革，贯彻直接言词证据原则，实现庭审实质化，规范刑事案件出庭作证，根据《中华人民共和国刑事诉讼法》等有关法律、司法解释的规定，结合工作实际，制定本意见。

一、出庭作证的情形

第一条　具有下列情形之一，应当通知相关人员出庭：

（一）控（检）辩双方或一方对证人证言、被害人陈述的主要证明事项有异议，该证据对定罪量刑有重大影响，需要证人、被害人出庭作证的；

（二）控（检）辩双方或一方对鉴定意见的主要证明事项有异议，需要鉴定人出庭作证的；

（三）在证据收集的合法性审查中，检察院申请通知有关侦查人员或者其他人员出庭说明情况，或者相关人员主动要求出庭说明情况的；

（四）确需出庭作证的其他情形。

第二条　具有下列情形之一，法院认为有必要，可以通知相关人员出庭：

（一）控（检）辩双方申请本方证人出庭的；

（二）同一证人的证言、被害人的陈述前后存在反复或矛盾；或者不同证人证言之间、不同被害人陈述之间以及与其他证据之间存在矛盾，需要证人、被害人出庭解释的；

（三）控（检）辩双方或一方对侦查活动中形成的搜查、检查、勘验、辨认笔录等存在异议，或对侦查机关出具的有关情况说明提出异议，需要相关侦查人员出庭说明情况的；

（四）法院认为有必要出庭作证的其他情形。

第三条　具有下列情形之一，法院可以准许其不出庭：

（一）因患严重疾病、行动极为不便，无法到庭的；

（二）居所远离开庭地点且交通极为不便，无法到庭的；

（三）身处国外短期无法回国，无法到庭的；

（四）因自然灾害等不可抗力或意外事件等其他客观原因，无法到庭的；

（五）被告人的配偶、父母及子女；

（六）证明内容涉及国家秘密，不能对外披露的；

（七）因职务或工作原因知晓当事人隐私、商业秘密的医生、律师等有职业保密要求的专业人员，被要求就该隐私、商业秘密作证的。

前款第（一）至（四）项情形，如果该证言对定罪量刑有重大影响，确需证人出庭作证的，可以通过视频等方式作证。

前款第（七）项情形，如果案件涉及国家利益或者重大公共安全，确需证人出庭作证的，可以转入不公开审理。

二、出庭作证申请的提出、审查和通知

第四条　相关人员出庭作证，一般应由控（检）辩一方向法院提出申请。

申请相关人员出庭作证，应于庭审五日前或在庭前会议中向法院提交申请书，申请书应载明出庭作证的人员名单、基本身份情况及联系方式等详细通讯信息，同时说明拟要证明的事实及申请出庭作证的理由。

法院根据案件情况，认为确有必要，也可以依照职权直接决定通知相关人员出庭出证，并告知控（检）辩双方。

第五条　对于控（检）方或辩方申请相关人员出庭作证的，法院应及时审查决定是否同意，并及时告知申请方。

同意申请的，至迟应当在开庭三日前将出庭通知书送达相关人员，并告知控（检）辩双方。

第六条　控（检）辩双方在庭审过程中申请新的证人或者其他相关人员出庭作证的，除应当按第四条第二款规定说明事由并提供出庭作证人员的相关信息外，还应说明未在庭前申请的原因。

法院应当及时审查，作出是否同意的决定，并告知控（检）辩双方。同意出庭申请的，应立即通知相关人员出庭作证。必要时可以决定延期审理。

法院查明申请人不在庭前申请系故意拖延，影响庭审的，可以对申请人进行训诫，申请人系检察人员或者律师的，可以向其主管部门发出司法建议。

第七条　法院出庭通知书应载明开庭时间、地址、案件当事人姓名、案由，并附权利义务告知书。

当面送达出庭通知书的，可要求签署是否同意出庭的回执。法院开庭前一般应再次确认被通知人是否出庭。

由于客观原因无法及时通知出庭作证人员或上述人员拒绝出庭作证的，应及时告知申请方。

控（检）辩双方申请相关人员出庭作证的，法院可以要求申请方协助相关人员到庭。

第八条　出庭作证人员为鉴定人或者出庭说明情况的相关侦查人员，法院应当同时向其所在单位送达出庭作证告知书。

其他出庭作证人员要求法院与其所在单位协调出庭请假等事宜的，参照前款规定执行。

对需要采取保护措施的出庭作证人员，应其本人要求，可不通知其所在单位。

第九条 经依法通知，证人无正当理由拒绝出庭作证的，若其证言对定罪量刑有重大影响，法院可以强制其到庭。但本意见第三条列举的情形除外。

法院强制证人到庭应当制作强制出庭令。强制出庭令载明案号、开庭时间、地址及强制出庭的法律依据。

强制出庭令由院长签发。

强制证人到庭，必要时可以使用戒具。

三、出庭作证及证言的审查判断

第十条 法庭应当为出庭作证人员设立专门的作证席。

作证席位于被告人席与控（检）方席位中间，斜对法官席位。

第十一条 出庭作证人员出庭作证，法庭应当首先核实其身份、与当事人及本案的关系等，并告知其应当如实作证及作伪证的法律后果。

第十二条 对于决定采取不公开个人信息或者不暴露外貌、真实声音等保护措施的出庭作证人员，法院应当在开庭前提前核实其身份，在其出庭作证时宣布核实结果。

第十三条 出庭作证人员应当庭宣读履行如实作证的义务及承担作伪证的法律后果的保证书，并在保证书上签名。

对于决定采取不公开个人信息或者不暴露外貌、真实声音等保护措施的出庭作证人员，应当在出庭前单独向合议庭宣读并签署保证书。

第十四条 未成年人出庭作证的，应当有其法定代理人到场。其法定代理人不能到场或者法定代理人是该案被告人的，也可以通知未成年证人的其他成年亲属，所在学校、单位、居住地基层组织或者未成年人保护组织的代表到场。聋、哑人等有语言交流障碍的人或者外国人出庭作证的，应配有相应翻译。

第十五条 向出庭作证人员发问，应当在审判长主持下进行，应当先由控（检）辩双方中提出出庭申请一方进行。发问完毕后，经审判长许可，对方也可以发问。询问可以交叉质询方式进行。

法院依照职权直接决定通知相关人员出庭作证的，向出庭作证人员发问顺序由审判长决定。

审判人员可以向出庭作证人员发问。

第十六条 询问过程中出现下列情形之一的，被询问人及对方均可以提出异议，审判长应当予以制止。未有提出异议的，审判长也可以视情况加以制止：

（一）询问内容重复或者与案情无关的；

（二）以诱导方式询问的；

（三）威胁被询问人员的；

（四）有损被询问人员人格尊严的；

（五）询问方式有其他明显不当的情形。

被询问人及对方就询问方式或者内容提出异议，申请审判长制止，审判长认为不具备前款所列情形的，可以驳回申请。

提问内容涉及出庭作证人员职务上应保守秘密或者个人隐私的事项，被询问人可以向法庭说明理由，经审判长允许后，可以拒绝回答。

如果该案件涉及国家利益或者重大公共安全，确需出庭作证人员回答的，审判长可以要求被询问人继续回答询问，但应将案件转入不公开审理。

第十七条 多名出庭作证人员出庭作证时，法庭应安排依次出庭，分别询问，并在作证前采取必要的隔离措施。出庭作证的证人、鉴定人、有专门知识的人及出庭说明情况的侦查人员在出庭前后均不得旁听案件的审理。

第十八条 控（检）辩双方可就需要出庭作证人员证明的事项当庭进行充分询问或交叉质询，法庭应综合全案证据材料分析判断，决定是否采信该证言。

出庭作证人员当庭作出的证言与其庭前证言矛盾，能够作出合理解释的，并有相关证据印证的，应当采信当庭证言。但其当庭证言明显不符合常理，或者不能作出合理解释，而其庭前证言有相关证据印证的，可以采信庭前证言。

第十九条 没有新的证据，控（检）辩双方申请该出庭作证人员就同一事实再次出庭作证，法院可不予同意。

控（检）辩双方在庭审后再向出庭作证人员调查取证，因此获取的出庭作证人员与庭审中不一致的陈述，不得作为该案的证据使用。

如确有必要在庭审后再向出庭作证人员调查取证，应当征得法院同意，并有对方的检察人员或者律师在场。

四、对出庭作证人员的保护

第二十条 法院应当为出庭作证人员设立与公众候庭区域隔离的候庭场所和与旁听区域隔离的出入法庭专用通道。

有条件的法院，应当设立同步视频作证室，供需要采取不公开个人信息和不暴露外貌、真实声音等保护措施的出庭作证人员出庭作证和因特殊情况不能到庭的相关人员庭审作证时使用，配置可对影像、声音进行技术处理的相关设备。

尚未设立出庭作证人员独立候庭场所和专用通道的法院，应当采取相应措施确保出庭作证人员出入法庭时的安全。必要时，可以要求公安机关警力支持。

尚未设立同步视频作证室的法院，可根据实际情况适当安排需要采取不公开个人信息和不暴露外貌、真实声音等保护措施的出庭作证人员作证场地，配备面部遮挡或者模糊影像、技术变声等设备。

第二十一条 必要时,法院可以对出庭作证人员采取下列保护措施:

(一)使用化名等方法不公开个人真实信息;

(二)使用面部遮挡、模糊影像、变声等方式不暴露其外貌、真实声音等个人特征;

(三)禁止特定人员接触出庭作证人员及近亲属身体和住宅;

(四)对其人身、住宅或者其他重大财产采取专门性保护措施;

(五)其他必要的保护措施。

法院依法采取上述措施,需要检察院、公安机关警力、技术支持的,可以与检察院、公安机关协商,相关部门应在职责范围内予以协助。

法院、检察院、公安机关依法对出庭作证人员采取保护措施,有关单位和个人应当配合。

第二十二条 下列出庭作证人员可以向法院申请上述一项或者多项保护措施:

(一)认为因出庭作证而使本人或近亲属的人身、财产安全面临危险的;

(二)涉及特定身份背景及个人隐私的出庭作证人员;

(三)其他有充分理由申请保护措施的出庭作证人员。

法院决定通知相关人员出庭作证的,应当在通知的同时告知其具有上述情形时有权向该法院申请保护,并告知可供选择的具体措施。

出庭作证人员向法院申请保护措施的,应说明理由和具体要求。

第二十三条 法院收到出庭作证人员保护申请后应当即审查,认为符合条件,及时采取相应保护措施,并告知申请人及控(检)辩双方;经审查认为不符合条件,不需采取保护措施的,应向申请人说明理由。

法院也可以根据案情直接决定对出庭作证人员采取保护措施。

对于危害国家安全犯罪、恐怖活动犯罪、黑社会性质组织犯罪、毒品犯罪等案件的出庭作证人员,因出庭作证,本人或近亲属的人身、财产安全面临危险的,法院应当采取保护措施。

第二十四条 对采取了不公开个人信息和不暴露外貌、真实声音等保护措施的出庭作证人员,在相关法律文书中使用化名,其签署的出庭作证保证书等可以显示其真实身份信息的材料应当单独立册存档,予以保密。

控(检)、辩双方及相关工作人员应对其因履行职务而获知的采取上述个人信息特征保护措施的出庭作证人员个人信息承担保密义务与相应责任。

第二十五条 对采取保护措施的出庭作证人员作证完毕后,法庭应保证其安全离开法庭。必要时可由法庭提供可掩饰出庭作证人员体貌特征的服饰并安排专门的车辆接送出庭,同时派法警护送其离开法院。

第二十六条 被依法通知出庭作证的相关人员,具备申请保护措施条件的,因申请保护未得到支持或者相关保护措施未落实而拒绝出庭的，不得强制其出庭。

因检察院、公安机关不支持，相关保护措施不能落实，导致相关人员拒绝出庭作证，影响案件审理的，法院可以向相关单位发出司法建议。

第二十七条 对出庭作证人员及其亲属进行下列打击报复行为之一的，可依法追究其刑事责任。情节轻微，依法尚不够刑事处罚的，由公安机关予以治安处罚或者由法院以妨碍诉讼为由处十日以下拘留：

（一）以暴力、威胁或者非法限制人身自由的方法侵犯出庭作证人员及其亲属的人身安全的；

（二）非法占有或者毁损出庭作证人员及其亲属的财产的；

（三）以滋事、骚扰等方法扰乱出庭作证人员及其亲属的正常生活、工作秩序的；

（四）陷害、侮辱、诽谤、谩骂出庭作证人员及其亲属的；

（五）违反规定开除、辞退、解聘出庭作证人员及其亲属的；

（六）其他明显侵害出庭作证人员及其亲属合法权益的行为。

第二十八条 法院在接到出庭作证人员被打击报复的报案后，应在第一时间受理，及时采取必要措施保护受报复的证人或者其亲属的人身财产安全，并将案件移送至有管辖权限的单位处理。

出庭作证人员有证据证明被打击报复，应当依法追究加害方刑事责任，公安机关或者检察院不予追究的，被害人及其近亲属可以直接向法院提起自诉，法院应当受理，并及时向相应的公安机关或者检察院了解其不予追究的原因。

第二十九条 出庭作证人员或其亲属因被打击报复遭受人身伤害、财产损失或者其它损失的，可以提起刑事附带民事诉讼或者单独提起民事诉讼，要求加害人赔偿。

经出庭作证人员申请，法院应当为其指定法律援助律师参与诉讼。单独提起民事诉讼的，可以免缴诉讼费。

出庭作证人员或其亲属因被报复所遭受的损失不能及时得到赔偿，导致治疗或者生活困难的，可向受诉法院申请国家司法救助金。

第三十条 公安机关、检察院若仅因出庭作证人员出庭作证言论与原来的证词、鉴定意见或者陈述不一致而在庭审后对其进行传唤甚至羁押的，法院应当及时向相关单位发出司法建议，督促其纠正。对相关部门因此获取的出庭作证人员与庭审中不一致的陈述，不得作为该案的证据使用。

五、对出庭作证人员的经济补偿

第三十一条 出庭作证人员为出庭而产生的误工损失及需要支出的交通费、住宿费、就餐费等实际费用由所通知的法院负责补偿。法院所支付的上述补偿费用列入司法机关业务经费。

误工费参照广东省统计局公布的上年度相关行业工资标准计算。交通费、住宿费、就餐费等按照本省普通公务员相关差旅费补助标准计算。

有工作单位的人员出庭作证，所在单位不得克扣或者变相克扣其工资、奖金及其他福利待遇。法院向其单位发出出庭作证告知书，不再补偿其误工费。

若出庭作证人员所在单位克扣或者变相克扣其因出庭造成误工的工资、奖金及其他福利待遇的，或者应出庭作证人员要求，需采取保护措施而不告知其所在单位的，法院按其实际工资、福利标准补偿误工损失。

未成年人、六十岁以上的人或者生活不能完全自理的人出庭作证，可以有一至二位陪同人员。陪同人员的误工费、交通费、住宿费、就餐费等实际费用参照上述规定补偿。

第三十二条 出庭作证人员作证结束后，填写《出庭作证经济补偿申领表》，经审查批准，领取补偿费用。法院应当安排专门工作人员为出庭作证人员办理补偿费用申领事项。

六、拒证、伪证的法律后果

第三十三条 经法院依法通知，证人无正当理由拒绝出庭或出庭后拒绝作证的，依照《刑事诉讼法》相关规定予以训诫；情节严重的，经院长批准，处以十日以下拘留。

对于无正当理由拒不出庭或出庭后拒绝作证，法庭对其证言的真实性无法确认的，该证人证言不得作为定案的根据。

第三十四条 对经法院依法通知，鉴定人没有正当理由拒不出庭作证的，该鉴定意见不得作为定案的根据。

因此影响案件审理的，法院可向相应的司法行政机关或者其他主管部门进行情况通报并发出司法建议。

第三十五条 在对证据收集的合法性进行法庭调查的过程中，经法院依法通知到庭说明情况的侦查人员拒绝出庭，或者到庭后拒绝作证，致使不能排除存在以非法方法收集证据情形的，对相关证据应当以收集合法性存疑为由予以排除。

因控(检)辩双方或一方对侦查活动中形成的搜查、检查、勘验、辨认笔录等或者侦查机关出具的有关归案经过、立功等情况说明提出异议，法院依法通知相关侦查人员到庭说明情况，相关侦查人员拒绝出庭，或者到庭后拒绝作证的，按照有利于被告人的原则认定证据。

第三十六条 有足够证据证明出庭作证人员有伪证犯罪嫌疑的，移送司法机关依法处理。

已经领取出庭作证补偿费用的，法院应当予以追缴。

因该伪证造成法院判决错误的，启动审判监督程序予以纠正。

七、附则

第三十七条 本意见所指出庭作证人员，是指在刑事诉讼中，根据案件情况，依法需要出庭作证的证人、鉴定人、被害人及出庭说明情况的侦查人员等。

另案处理的同案人出庭作证或者有专门知识的人依法出庭的，参照本意见相关程序。

第三十八条 本意见自下发之日起试行。本意见与相关法律、司法解释规定不符的，以相关法律、司法解释规定为准。

附件：

1.人民法院证人出庭通知书

2.证人保证书

3.人民法院强制证人出庭令(存根)

4.人民法院鉴定人出庭通知书

5.人民法院出庭作证告知书

附件 1

人民法院

证人出庭通知书

（ ）刑 号

__________：

本院受理(被告人)犯__________罪(案由)一案，定于 年 月 日 时 分在第 法庭开庭审理。根据《中华人民共和国刑事诉讼法》第六十条第一款、第一百八十二条第三款、第一百八十八条的规定，特通知你作为本案的证人准时出庭作证。没有正当理由不出庭作证的，本院将依法强制你到庭。

注：

1.证人必须准时到达应到处所；

2.证人于规定时间携带出庭通知书及身份证、工作证来院报到；

3.证人收到出庭通知书后，应在送达回证上签名或盖章；

4.地址： 邮编：

联系人： 联系电话：

年 月 日

附：权利、义务告知书及出庭如实作证宣誓词

证人权利、义务告知书

证人的权利

1.因出庭作证，本人或者其近亲属的人身安全面临危险的，可以请求予以保护。保护措施包括：

(1)使用化名等方法不公开个人真实信息；

(2)使用隐形、变声等技术不暴露其外貌、真实声音等个人特征；

(3)禁止特定人员接触出庭作证人员及近亲属身体和住宅；

(4)对其人身、重大财产和住宅采取专门性保护措施；

(5)其他必要的保护措施。

2.出庭作证时，对提问内容涉及出庭作证人员职务上应保守秘密的事项，或使用威胁、引诱、侮辱及诱导性语言的，可以向法庭提出，经法庭准许，可以拒绝回答。

3.可以向法院申请补偿因出庭作证而产生的交通费、住宿费、就餐费等费用，并提供相应的单据。

证人的义务

1.经人民法院通知，没有正当理由不出庭的，人民法院可以强制其到庭，但是被告人的配偶、父母、子女除外。

2.证人应当就所知道的案件事实，如实地提供证言，有意作伪证或者隐匿罪证要负法律责任。

3.经人民法院通知，证人没有正当理由不出庭作证的，人民法院可以强制其到庭。经人民法院依法通知，证人无正当理由拒绝出庭或出庭后拒绝作证的，予以训诫，情节严重的，经院长批准，处以十日以下拘留。

4.经人民法院通知出庭后，未经法庭允许，不得接触案情资料或私下接受控辩双方的询问，不得在出庭作证前后旁听所出庭作证案件的庭审。

宣誓词

(证人用)

我作为本案的证人，保证向法庭客观、如实、全面陈述所知道的案件情况。如有意歪曲事实、作虚假陈述的，愿承担相应的法律责任。

宣誓人：

附件 2

证人保证书

姓名：　　性别：　　年龄：　　民族：

工作单位及职业：

与本案当事人关系：

我作为本案的证人，保证向法庭如实提供证言，如有意作伪证或者隐匿罪证，愿负法律责任。

（签字）

年　月　日

此件签字后入卷

附件3

人民法院

强制证人出庭令(存根)

(　　)刑　号

本院受理__________一案,已通知______作为本案证人准时出庭作证,届时被通知人无正当理由未出庭。特派______(执行人员的职务、姓名)强制被通知人到庭。

此令。

院长

年　月　日

(院印)

人民法院

强制证人出庭令

(　　)刑　号

____________:

本院受理__________一案,通知你于　年　月　日依法出庭作证,你无正当理由未出庭。根据《中华人民共和国刑事诉讼法》第一百八十八条、《最高人民法院关于适用〈中华人民共和国刑事诉讼法〉的解释》第二百零八条的规定,特派______(执行人员的职务、姓名)强制你出庭作证。

此令。

院长

年　月　日

(院印)

附件 4

人民法院

鉴定人出庭通知书

(　　)刑　号

____________：

本院受理__________(被告人及案由)一案，定于　年　月　日　时　分在第　法庭开庭审理。根据《中华人民共和国刑事诉讼法》第一百八十二条第三款、第一百八十七条第三款的规定，特通知你作为本案鉴定人准时出庭。

注意事项：

1.鉴定人必须准时到达应到处所；

2.鉴定人于规定时间携带出庭通知书及身份证、工作证来院报到；

3.鉴定人收到出庭通知书后，应在送达回证上签名或盖章；

4.地址：　　　　邮编：

联系人：　　　　联系电话：

年　月　日

附：权利、义务告知书及如实鉴定宣誓词

鉴定人权利、义务告知书

鉴定人权利：

1.有权查阅与鉴定有关的案卷材料。

2.有权保留自己的鉴定意见。

3.对于鉴定人职权范围外或与鉴定无关的问题，有权拒绝回答。

4.有权依照自己的学识、经验，平等独立地发表鉴定意见。

鉴定人义务：

1.依照法定程序，遵循专业规范和科学规律作出鉴定意见。

2.对鉴定、检验意见形成的过程、科学依据及相关专业知识，应作出必要的说明和解释。

3.故意作虚假鉴定或陈述的，应负法律责任。

4.对在鉴定过程中接触到的涉及国家秘密、个人隐私和其他不能公开的鉴定材料，必须严格保密。

5.鉴定人由于不能抗拒的原因或者其他正当理由无法出庭的，可以向人民法院说明原因并申请改期；对无正当理由拒不出庭作证的鉴定人，人民法院将通报司法行政机关或有关部门。

宣誓词

（鉴定人用）

我作为本案的鉴定人，保证向法庭客观、全面、如实地说明鉴定结论。如有意歪曲事实、作虚假鉴定及陈述的，愿承担相应的法律责任。

宣誓人：

附件 5

人民法院

出庭作证告知书

（　　）刑　　号

__________(单位名称)：

本院受理__________(被告人及案由)一案，定于　年　月　日　时　分在第　法庭开庭审理。根据《中华人民共和国刑事诉讼法》第一百八十二条第三款的规定，特通知你单位作为本案的证人(鉴定人)出庭作证。出庭作证系公民应尽的法律义务，请予以协助其办理请假等事宜，并不得克扣或者变相克扣其工资、奖金及其他福利待遇。

年　月　日

5.《青海省高级人民法院关于鉴定人出庭作证若干问题的规定(试行)》

时效性:现行有效

发文机关:青海省高级人民法院

发文日期:2011 年 6 月 28 日

施行日期:2011 年 7 月 01 日

效力级别:地方司法文件

第一条 为规范人民法院通知鉴定人出庭作证活动,保证查明案件事实,根据《中华人民共和国刑事诉讼法》《中华人民共和国民事诉讼法》《中华人民共和国行政诉讼法》和《全国人大常委会关于司法鉴定管理问题的决定》以及最高人民法院相关司法解释的规定,制定本规定。

第二条 本规定所指鉴定人是指对案件中涉及的专门性问题进行鉴别和判断并提供鉴定意见的人员。

本规定所称鉴定人出庭作证是指人民法院应案件审理需要,依法通知鉴定人出庭,就鉴定的有关事项进行说明并接受质询的活动。

第三条 人民法院决定鉴定人出庭作证,可以应当事人申请或人民检察院提出,也可根据案件审理需要自行决定。

第四条 当事人申请或人民检察院提出鉴定人出庭作证,应当在开庭十日以前书面提出。

人民法院对于提交的鉴定人出庭作证申请,应当审查其申请理由和拟作证的事项等。对于不予准许的,应通知申请人(通知书式样见附件)。

第五条 有下列情形之一的,人民法院可以根据案件审理需要通知鉴定人出庭作证:

(一)当事人对鉴定结论有异议的;

(二)鉴定结论明显存在疑点的;

(三)鉴定文书阐释不清或存在明显矛盾的;

(四)鉴定结论与其他证据材料相反或存在严重分歧的;

(五)案件有重大影响的;

(六)人民法院认为鉴定人有必要出庭作证的。

第六条 人民法院决定通知鉴定人出庭作证后,应当在开庭三日以前向鉴定人送达出庭通知书。

出庭通知书上应注明需出庭鉴定人姓名、鉴定文书编号、案件当事人姓名、出庭事由和拟作证事项以及到庭作证的时间、地点和出庭的联系人、联系方式等事项。

第七条 鉴定人有下列情形之一，经人民法院许可，可以不出庭作证：

（一）突发疾病、病重或者行动极为不便的；

（二）因自然灾害等不可抗力无法出庭的；

（三）因其他特殊客观原因无法出庭的。

必要时，人民法院可以书面通知未出庭的鉴定人对有关异议或事项作书面答复。

第八条 鉴定人出庭作证时，法庭应当核查以下内容：

（一）鉴定人的身份；

（二）鉴定人的执业资格；

（三）鉴定人是否为该鉴定结论的鉴定人；

（四）鉴定人是否存在回避的情形；

（五）其他有必要核查的事项。

第九条 当事人（控辩）双方对鉴定人发问时，应当在审判长的主持下，首先由提请鉴定人出庭作证的一方发问；发问完毕后，由对方发问。

当事人（控辩）双方的发问应当围绕鉴定依据的材料以及方法、步骤、分析、结论等与鉴定有关的事项。

第十条 对于当事人（控辩）双方的发问，一方认为不当提出异议的，审判长应当作出支持或驳回的决定。

审判长认为发问有下列情形之一的，应当及时制止：

（一）内容与鉴定无关或重复的；

（二）以诱导方式发问的；

（三）威胁鉴定人的；

（四）损害鉴定人人格尊严的；

（五）有损鉴定人合法权益的其他情形。

第十一条 应当事人申请出庭的具有专门知识的人员可以对鉴定人就鉴定的有关事项进行询问。

第十二条 当事人（控辩）双方、具有专门知识的人员发问或询问完毕后，审判人员可以就与案件有关的鉴定问题询问鉴定人。

第十三条 应当事人申请鉴定人出庭作证的，鉴定人在人民法院指定日期出庭作证所发生的交通费、住宿费和误工补贴等必要费用，由申请方先行垫付，人民法院代为收取。

人民法院依职权决定鉴定人出庭作证的，上述费用在人民法院业务经费中列支。

第十四条 人民法院应当对鉴定人的住址和联系方式等个人相关信息予以保密，并在其出庭作证期间予以必要的人身保护。

诉讼参与人或其他人对鉴定人进行侮辱、诽谤、诬陷、殴打或打击报复的，人民法院可以根据情节轻重予以罚款、拘留;构成犯罪的,依法追究刑事责任。

第十五条 未经人民法院同意,鉴定人无正当理由拒不到庭作证的,人民法院可向其主管部门发出司法建议书。

各级人民法院审理案件中遇有鉴定人无正当理由拒不到庭作证的情形,应当及时报省高级法院司法技术管理部门备案。

第十六条 本规定由青海省高级人民法院负责解释。

第十七条 本规定自2011年7月1日起施行。

6.最高人民法院关于印发《环境资源案件类型与统计规范(试行)》的通知

(法〔2021〕9号)

各省、自治区、直辖市高级人民法院,解放军军事法院,新疆维吾尔自治区高级人民法院生产建设兵团分院:

为深入贯彻习近平法治思想、习近平生态文明思想,准确统计研判环境资源审判态势,科学构建环境资源审判体系,依法审理各类环境资源案件,不断提升环境资源审判工作水平,最高人民法院制定了《环境资源案件类型与统计规范(试行)》,现予印发施行。

《环境资源案件类型与统计规范(试行)》既是对环境资源案件审理的类型化指引,也是环境资源案件统计分析的规范标准。纳入《环境资源案件类型与统计规范(试行)》的案件,无论是由哪个业务部门审理,无论是由环境资源集中管辖法院审理还是由非集中管辖法院审理,均应贯彻绿色原则,体现生态环境保护优先和资源可持续利用的价值追求,遵循预防为主、损害担责、注重修复等环境资源司法理念,确保裁判尺度统一。

各级人民法院要按照《环境资源案件类型与统计规范(试行)》的指引,加快推进智慧法院建设,实现环境资源案件在信息化办案系统中的自动识别,完善环境资源案件立案、审判、执行等相关信息的获取和分析系统,构建大数据统计分析基础平台;要进一步做好各类环境资源案件的统计分析,科学配置案件资源和审判力量,探索完善审判体制和工作机制,推动环境资源审判职能的有效发挥;要在科学研判环境资源审判形势的基础上,加强各类案件法律适用的调研指导,注重类案剖析,分类实践总结,不断完善各类环境资源案件的裁判规则和审判执行方式。

执行中的问题,请及时报告我院。

最高人民法院

2021年1月4日

环境资源案件类型与统计规范(试行)

为深入贯彻习近平法治思想、习近平生态文明思想,明确环境资源案件类型与统计范围，指引环境资源案件法律适用，准确研判环境资源审判态势，充分发挥环境资源审判职能，依据现行法律，结合审判实践，制定本规范。

1.基本遵循

1.1 立足现行法律规定

以依照宪法法律为根本，从环境资源实体法的规定出发，契合刑事诉讼法、行政诉讼法、民事诉讼法、海事诉讼特别程序法等程序法，同时遵守相关司法解释关于各类环境资源案件受理范围的规定。

1.2 关联环境资源保护

以保护环境资源为宗旨，将与生态环境保护和自然资源可持续利用有密切关联作为案件类型划分的主要依据，同时兼顾与环境资源行政管理职能的对接。强调对于同一起环境污染、生态破坏以及资源不合理利用事件，应统筹适用刑事、行政和民事责任，注重协同发挥刑事审判的惩治教育、行政审判的监督预防、民事审判的救济修复等功能。

1.3 按照主导价值归类

以实现类型划分为基础，将环境资源案件划分为环境污染防治、生态保护、资源开发利用、气候变化应对、生态环境治理与服务等五大类型；在一个案件同时关涉生态环境、自然资源等多重秩序、多种权益的情况下，根据其所要保护、实现的主要秩序、权益进行归类。

1.4 衔接罪名案由体系

以对接罪名案由为手段，从保障案件统计分析的适度稳定性和连续性出发，在现有刑事罪名与行政、民事案由的体系和名称的基础上，形成类型描述附加罪名案由的规范框架，同时结合理论创新与实践发展需要，保持一定的开放度，以适应将来罪名与案由的调整。

1.5 完善审判执行规则

以指引法律适用为目标，认真梳理研究各类环境资源案件的特点，在现代环境司法理念指引下，探索裁判程序规则，改进审判执行方式，分类施策，依法妥善审理案件，充分发挥环境资源审判职能作用。

2.环境污染防治类案件

2.1 定义

环境污染防治类案件，是指向大气、水、土壤和海洋等环境介质排放有毒有害物质、其他物质及能量，损害环境介质及其生态系统服务功能，以及导致个人或公众的人身健康、财产受损而产生的刑事、民事、行政以及公益案件。

2.2 划分标准

环境污染防治类案件包括环境介质污染案件、有毒有害物质污染案件、能量污染案件等。

2.2.1　按照被侵害的环境介质属性，分为大气、土壤、水、海洋等污染案件。

2.2.2　按照污染环境的原因类型，分为物质污染案件和能量污染案件。其中，物质污染案件包括固体废物、电子废物、放射性物质、危险化学品等有毒有害物质污染案件，以及未纳入国家或地方环境标准的污染物等其他物质污染案件。能量污染案件是指噪声、振动、光、热、电磁辐射、电离辐射等能量造成损害的案件。

2.2.3　在一个污染行为同时符合两种划分标准，比如有毒有害物质污染了土壤，既可能形成有毒有害物质污染案件，也可能形成土壤污染案件的情况下，根据具体案件重点保护的法益、维护的秩序以及统计需要归入对应案由。

2.3　基本特点

2.3.1　环境污染具有累积性与不可逆转性，且治理成本高，审理此类案件应坚持事前预防和事后惩治并重。贯彻预防优先原则，坚守环境质量底线，依法及时采取禁止令、先予执行等预防性司法措施避免、减少环境损害。贯彻损害担责原则，对已经造成生态环境损害的，优先适用恢复性责任方式，落实以生态环境修复为中心的损害救济制度。

2.3.2　环境介质具有流动性与不可分割性，应坚持系统治理。此类案件适宜以流域、湖域等生态系统或生态功能区为单位实行跨行政区划集中管辖。

2.3.3　此类案件证据易流失，要依法行使释明权和法律赋予的其他职权，重视证据的保全和收集，适时查验排污现场。

2.4　案件类型

2.4.1　环境介质污染案件

2.4.1.1　大气（空气）污染案件。

2.4.1.1.1　因排放污染物造成大气环境损害，或者车船、住宅、经营场所等全封闭、半封闭空间空气环境损害的案件；

2.4.1.1.2　因大气污染或者空气污染致使他人人身、财产损害，或者造成公众健康损害的案件。

2.4.1.2　土壤污染案件。

2.4.1.2.1　因排放污染物造成土壤环境损害的案件；

2.4.1.2.2　因土壤污染致使他人人身、财产损害，或者造成公众健康损害的案件。

2.4.1.3　水污染案件。

2.4.1.3.1　因排放污染物造成江河、湖泊、运河、渠道、水库等地表水、地下水环境损害的案件；

2.4.1.3.2　因地表水、地下水污染致使他人人身、财产损害，或者造成公众健康损害的案件。

2.4.1.4　海洋污染案件。

2.4.1.4.1　因在海上或者沿海陆域内排放污染物，造成海洋生态环境损害的案件；

2.4.1.4.2 因海洋污染致使他人人身、财产损害，或者造成公众健康损害的案件。

2.4.2 有毒有害物质污染案件

2.4.2.1 因产生、收集、贮存、运输、利用、处置固体废物、电子废物、放射性物质、危险化学品等有毒有害物质造成环境损害的案件。

2.4.2.2 因产生、收集、贮存、运输、利用、处置固体废物、电子废物、放射性物质、危险化学品等有毒有害物质致使他人人身、财产损害，或者造成公众健康损害的案件。

2.4.3 能量污染案件

2.4.3.1 因噪声、振动、光、热、电磁辐射、电离辐射等能量污染造成环境损害的案件。

2.4.3.2 因能量污染致使他人人身、财产损害，或者造成公众健康损害的案件。

3.生态保护类案件

3.1 定义

生态保护类案件，是指因破坏遗传(基因)、物种、生态系统多样性、景观多样性以及影响生态系统功能正常运行而产生的刑事、民事、行政以及公益案件。

3.2 划分标准

生态保护类案件包括生物多样性保护案件、景观多样性保护案件、重点生态区域保护案件和其他生态破坏案件。

3.2.1 生物多样性保护案件，是指对生物(动物、植物、微生物)以及它们所拥有的基因和生存环境进行司法保护的案件，包括遗传(基因)多样性保护、物种多样性保护和生态系统多样性保护三类案件。这是生态保护类案件中的核心案件。

3.2.2 景观多样性保护案件，是指对一定时空范围内景观类型和景物品类数量的丰富性和美观度进行司法保护的案件，包括自然遗迹保护案件、人文遗迹保护案件以及其他景观多样性保护案件。

3.2.3 为突出近年来司法对重点生态区域治理的服务保障，将重点生态区域保护案件专列一类案件，包括自然保护地案件、岸线区域保护案件等。

3.2.4 有的案件同时构成生物多样性保护案件、景观多样性保护案件或重点生态区域保护案件的，根据具体案件重点保护的法益、维护的秩序以及统计需要归入对应案由。

3.2.5 其他生态破坏案件，是指生物多样性保护案件、景观多样性保护案件、重点生态区域保护案件之外的，因外来物种引入、地下水超采、植被破坏、乱捕滥杀、矿产开采、工程建设等行为导致生物要素的不利改变或者生态系统功能退化的其他生态破坏案件。这是生态保护类案件中的兜底案件。

3.2.6 对诉争标的物及法律关系以某一层次生物多样性为行为对象或基础，但与环境资源保护无直接关联的生物技术合作开发股权纠纷、合同纠纷等案件，不纳入环境资源案件统计范围。

3.3　基本特点

3.3.1　生态破坏具有易破坏和难修复的不对称性，审理此类案件要坚持保护优先与合理开发并重的原则。贯彻修复性理念，立足不同生态要素的修复需求，灵活运用限期履行、劳务代偿、第三方治理等生态修复责任承担方式，最大限度运用近自然恢复方法、生态化技术确定修复方案。

3.3.2　审理此类案件要坚守生态保护红线，依据国家和省级国土空间主体功能区规划，充分考虑影响生态安全的生态功能退化区、重点生态敏感区和脆弱区、生态良好地区等不同生态功能区划的生态承载能力和敏感度，依法保障经济社会持续健康发展。

3.3.3　生态是统一的自然系统，审理此类案件要树立系统保护理念，遵循生态系统的整体性、系统性及内在规律，贯彻山水林田湖草沙一体化生态保护。此类案件适宜以流域、湖域等生态系统或生态功能区为单位实行跨行政区划集中管辖。

3.4　案件类型

3.4.1　生物多样性保护案件

3.4.1.1　涉及生物遗传资源和相关传统知识的获取、开发、利用及其惠益分享、转基因生物和产品安全案件。

3.4.1.2　涉及外来物种入侵防控与动植物微生物物种及其栖息地保护案件。

3.4.1.3　涉及森林、草原、湿地、荒漠、冻原、海洋、河流湖泊、农田、城市等生态系统保护案件。

3.4.2　景观多样性保护案件

3.4.2.1　涉及具有重要科学文化价值的地质构造、著名溶洞、化石分布区、冰川、火山、温泉等自然遗迹保护案件。

3.4.2.2　涉及古迹、建筑群、遗址等人文遗迹保护案件。

3.4.3　重点生态区域保护案件

3.4.3.1　涉及国家公园、自然保护区、自然公园等各类自然保护地案件。

3.4.3.2　涉及湖泊、河道、海洋等岸线区域保护案件。

3.4.4　因外来物种引入、地下水超采、植被破坏、乱捕滥杀、矿产开采、工程建设等行为导致生物要素的不利改变或者生态系统功能退化的其他生态破坏案件

4.资源开发利用类案件

4.1　定义

资源开发利用类案件，是指在土地、矿产等各类自然资源开发利用过程中产生的，与生态环境保护修复密切相关的刑事、民事、行政以及公益案件。

4.2　划分标准

资源开发利用类案件包括自然资源开发利用案件，侵害通风、采光、眺望、景观等环境权益案件等。

4.2.1 自然资源开发利用案件，限于与生态环境保护相关联的自然资源确权登记、权属争议、开发利用等案件。

4.2.2 侵害通风、采光、眺望、景观等环境权益案件，是指因资源开发利用导致他人或公众的通风、采光、眺望、景观等环境权益受到损害而引发的案件。这是由自然资源开发利用所衍生出来的案件。

4.2.3 对以某种自然资源为诉争标的物、其法律关系与生态环境保护关联性不大的合同纠纷（如以股权转让方式进行资源权属转让的纠纷等）以及土地征收类案件，不纳入环境资源案件统计范围。

4.3 基本特点

4.3.1 审理此类案件要适应生态文明建设需要，在注重资源权属保护与交易秩序维护的基础上，兼顾资源的合理开发利用和生态环境的有效保护及修复，促进自然资源的全面节约、有序开发、高效利用。一方面，通过裁判尽量避免、减少开发利用资源对生态环境造成破坏；另一方面，开发利用资源已经造成破坏的，应判令开发利用者承担相应生态环境修复责任。

4.3.2 审理此类案件要准确把握行政监管与司法裁判的界限划分，尊重行政机关的首次判断权和自由裁量权，注意裁判内容和方式的强度或者深度，避免以司法裁量权取代行政裁量权。妥善处理行政法、民法适用的交叉问题，避免不同审判组织作出矛盾认定。

4.3.3 审理此类案件要严守资源利用上限，区分优化开发、重点开发、限制开发、禁止开发的主体功能定位分类施策，确定不同的处理思路，适度发挥司法能动作用，依法认定自然资源开发过程中相关合同的效力。

4.3.4 审理侵害环境权益案件，应当以本规范规定的、已经形成共识且权利内涵外延较为明确的四种环境权益为主，实践中可进一步探索其他环境权益的保护。

4.4 案件类型

4.4.1 与生态环境保护与修复相关的土地、矿产、水、森林、草原、海域、无居民海岛等自然资源的资产权属登记、权属争议、权利变动、开发案件

4.4.2 因资源开发利用导致他人或公众的通风、采光、眺望、景观等环境权益受到损害而引发的案件

5.气候变化应对类案件

5.1 定义

气候变化应对类案件，是指在应对因排放温室气体、臭氧层损耗物质等直接或间接影响气候变化过程中产生的刑事、民事、行政以及公益案件。

5.2 划分标准

气候变化应对类案件包括气候变化减缓类案件和气候变化适应类案件。

5.2.1　气候变化减缓类案件，是指通过发展可再生能源、提升能源效率、控制臭氧层消耗物质、推进可持续交通、管理土地利用变化和林业等以减少或避免温室气候排放的过程中产生的案件。

5.2.2　气候变化适应类案件，是指通过发展政策、规划、计划、项目和行动中促进迅捷和长期的适应措施，增强各种能力去更好地适应气候变化，从而降低气候变化对人身、财产以及公众健康带来的各种损失和影响过程中产生的案件。

5.3　基本特点

5.3.1　审理此类案件要注重运用多种司法裁判手段，促进减缓、适应两种应对气候变化手段的落地，推动构建国家气候变化应对治理体系。

5.3.2　气候变化应对案件具有损害后果复合性、因果关系间接性的特点，认定行为人是否构成侵权不能简单套用传统侵权诉讼理论，要深入探索研究此类案件的特殊裁判规则。

5.3.3　此类案件与另几类案件存在竞合的，在根据具体案件重点保护法益、维护秩序以及统计需要归入对应案由的前提下，可以优先统计为本类案件。

5.4　案件类型

5.4.1　气候变化减缓类案件

5.4.1.1　碳排放重点行业领域产业结构调整及新能源开发利用、节能服务等节能减排案件。

5.4.1.2　碳汇交易案件。

5.4.1.3　非法生产、销售、使用、进出口消耗臭氧层物质案件。

5.4.1.4　推进可持续交通、管理土地利用变化及林业等案件。

5.4.2　气候变化适应类案件

5.4.2.1　涉及气候变化的建设项目和规划环境影响评价等案件。

5.4.2.2　涉及综合防洪除涝减灾和气象灾害防御工程、治理退化、沙化和碱化草地、治理水土流失、海洋和海平面变化趋势科学监测等气候变化应对措施的案件。

6.生态环境治理与服务类案件

6.1　定义

生态环境治理与服务类案件，是指在利用税费、配额等规制措施以及第三方治理、环境容量利用权、绿色金融等市场机制，控制生态环境退化、改善生态环境质量过程中产生的刑事、民事、行政以及公益案件。

6.2　划分标准

生态环境治理与服务类案件，包括环境污染第三方治理案件，环境资源税费案件，环境容量利用权案件和绿色金融案件等案件。

6.2.1　环境污染第三方治理案件，是指政府、企业事业单位和其他生产经营者通过缴纳或按合同约定支付费用,委托第三方环境服务公司进行生态环境治理过程中产生的案件。

6.2.2　环境资源税费案件,是指国家对环境污染、生态破坏、开发利用资源者征收环境资源税或收取费用过程中产生的案件。

6.2.3　环境容量利用权案件,是指对用能权、用水权、排污权、碳排放权总量指标或额度进行初始分配及利用产生的案件。

6.2.4　绿色金融案件,是指为支持生态环境改善、应对气候变化和资源节约高效利用,对环保、节能、清洁能源、绿色交通、绿色建筑等领域的项目投融资、项目运营、风险管理,提供绿色信贷、绿色债券、绿色股票指数和相关产品、绿色发展基金、绿色保险、碳金融等金融服务而产生的案件。

6.3　基本特点

6.3.1　审理此类案件要牢固树立绿色发展理念,找准环境保护和经济发展之间的平衡点,促进环保服务市场化机制和环保产业的健康有序发展。在强调通过市场机制发挥预防、减少污染以及有效修复的同时,应关注公法所赋予的环境保护义务,实现环境治理目标。

6.3.2　审理环境污染第三方治理案件要依法确定政府、排污企业、环境服务单位的责任,妥善认定污染责任主体、责任基础、责任大小以及责任承担方式。

6.4　案件类型

6.4.1　环境污染第三方治理案件

6.4.1.1　环境影响评价、环境监测、环境损害评估鉴定案件。

6.4.1.2　生态环境监测设备及污染处理设施维护运营案件。

6.4.1.3　环境污染治理、生态环境修复案件。

6.4.2　环境资源税费案件

6.4.3　环境容量利用权案件

6.4.3.1　涉及区域用能总量控制之下对电力、原煤、蒸汽、天然气等用能总量指标进行利用的用能权交易案件。

6.4.3.2　涉及江河、湖泊水量利用的用水权交易案件。

6.4.3.3　涉及重点污染物排放总量控制指标利用的排污权交易案件。

6.4.3.4　涉及特定范围内碳排放权或额度利用的碳排放权交易案件。

6.4.4　涉及环境污染防治、生态保护和资源可持续利用的绿色信贷、绿色债券、绿色发展基金、绿色保险等绿色金融案件。

7.北京市高级人民法院发布的《委托鉴定评估规范指南》(第二批)节选

第四类　生物资产

生物资产是有生命的动物和植物,具有能够进行生物转化的能力。根据司法实践当中涉及的标的资产类别,以下划分为动物、农作物以及森林资源资产进行表述。

一、动物

(一)含义

动物的评估是指具有胜任能力的资产评估专业人员,通过实施评估现场调查、收集整理评估资料、核查验证、评定估算、编制报告等程序,对指定的动物的市场价值进行评估并出具评估报告的专业服务行为。

(二)程序规范、技术规范

《中华人民共和国畜牧法》;

《中华人民共和国进出境动植物检疫法》;

《中华人民共和国渔业法》;

《中华人民共和国民法典》;

《国家畜禽遗传资源目录》;

《中华人民共和国渔业法实施细则》;

《中华人民共和国水生野生动物保护实施条例》

《水产苗种管理办法》;

《企业会计准则第5号——生物资产》;

相关资产评估执业准则、指南和指导意见。

(三)规范委托表述

在×××案件中,对×××持有的××动物的市场价值进行评估,评估基准日为×年×月×日。对于涉及动物死亡的案件,评估基准日通常为案件发生的日期。

(四)委托材料及要求

1.必需资料

(1)资产权属文件:资产购置证明及付款凭证,报关单、进口动植物检验检疫许可证(国外进口),相关当事人关于资产权属的书面说明;

(2)关于资产情况的说明,至少包括名称、饲养目的、所处位置、年(月)龄、数量、重量、繁育能力(繁育开始年龄、胎/年、头/胎)、预计出栏(捕捞、收获)时间等内容。对于宠物,还需要说明宠物种类等;

(3)对于特殊种类动物,比如种牛(马、羊、猪等种畜)、特殊种类宠物,需要提供相应的血统证明文件;

(4)照片(应能够反映其主要特征)。

2.一般资料

(1)能够反映动物历史投入情况的资料,至少包括购置成本、饲料、药品(含疫苗)、人工等投入情况;

(2)反映动物经营情况的资料或内部规程,如饲养技术规程、平均饲养周期、历史死亡率、经济寿命期、淘汰率、产品产出情况(比如繁育数量、单位产奶/肉/蛋/其他产量和平均产出期等)、处置残值等资料。

(五)注意事项

评估人员需要对资产进行现场调查,相关当事人应当给予配合。现场调查应保留必要的文字、语音、照片、影像等资料,以书面形式记录调查的时间、地点、过程、结果等,参与调查的相关当事人应当共同确认。

二、农作物(粮食作物、蔬菜、花卉、药材等)

(一)含义

农作物评估是指具有胜任能力的资产评估专业人员,通过实施评估现场调查、收集整理评估资料、核查验证、评定估算、编制报告等程序,对指定的农作物的市场价值进行评估并出具评估报告的专业服务行为。

农作物指农业上栽培的各种植物。包括粮食作物、经济作物(油料作物、蔬菜作物、花、草、树木)、工业原料作物、饲料作物,药材作物等。树木类归入“三、森林资源资产(包含森林、林木、林地等)”进行表述。

(二)程序规范、技术规范

《中华人民共和国民法典》;

《中华人民共和国农业法》;

《中华人民共和国种子法》;

《中华人民共和国农村土地承包法》;

《中华人民共和国农村土地承包经营权流转管理办法》;

《中华人民共和国进出境动植物检疫法实施条例》;

《企业会计准则第5号——生物资产》;

相关资产评估执业准则、指南和指导意见。

(三)规范委托表述

在×××案件中,对××拥有的××项农作物(详见财产清单)的市场价值进行评估,评估基准日为×年×月×日。

(四)委托材料及要求

1.必需资料

(1)资产权属文件,比如农村土地承包经营权证、农村土地承包协议/转包协议等,协议款项支付凭证,相关当事人关于资产权属情况的书面说明,以及存在的抵押、担保等他

项权利(如有);

(2)资产情况说明,至少包括以下内容:种植品种、种植面积、种植方式(水田/旱田)、历史单位面积产量(达销售状态的产量)、预计采收月份等。

2.一般资料

(1)反映农作物历史投入情况的资料,比如投入的种子、化肥、农药、农资(大棚、地膜等)、人工(工日)、机械(台班)、其他投入等成本资料;

(2)该地块同物种历史平均产量、销售价格等情况。

(五)注意事项

1.评估人员需要对资产进行现场调查,相关当事人应当给予配合。现场调查应保留必要的文字、语音、照片、影像等资料,以书面形式记录调查的时间、地点、过程、结果等,参与调查的相关当事人应当共同确认。

2.如果评估对象为地下资产,需进行破坏性抽样挖掘验证以核实资产存在及数量时,评估机构需提前出具挖掘规模、数量等书面方案,相关方需出具书面同意文件。

三、森林资源资产(包含森林、林木、林地等)

(一)含义

森林资源资产评估是指具有胜任能力的资产评估专业人员,通过实施评估现场调查、收集整理评估资料、核查验证、评定估算、编制报告等程序,对指定的森林资源资产的市场价值进行评估并出具评估报告的专业服务行为。

森林资源资产是指由特定主体拥有或控制并能带来经济利益的,用于生产、提供商品和生态服务功能的森林资源,包括森林、林木(苗木)、林地、森林景观等。

(二)程序规范、技术规范

《中华人民共和国森林法》及其实施条例;

《资产评估执业准则——森林资源资产》;

《森林资源规划设计调查主要技术规定》(林资发〔2003〕61号);

《森林资源规划设计调查技术规程》(GB/T 26424);

《森林采伐作业规程》(LY/T 1646);

旅游资源分类、调查与评价》(GB/T 18972);

《旅游区(点)质量等级的划分与评定》(GB/T 17775);

《中国森林公园风景资源质量等级评定》(GB/T 18005);

《森林资源资产评估管理暂行规定》(财企〔2006〕529号);

《森林资源资产评估技术规程》(LY/T 2407—2015)

相关资产评估执业准则、指南和指导意见。

(三)规范委托表述

在×××案件中,对××拥有的××项森林资源资产(详见财产清单)的市场价值进行评估，评估基准日为×年×月×日。

（四）委托材料及要求

1.必需资料

（1）资产权属文件：林权证书/不动产权证，与资产所有人签订的承包/租赁合同/合作造林分成协议，以及对应的款项支付凭证；相关当事人关于资产权属情况的书面说明；可能存在的抵押、担保等他项权利；

（2）对于用材林、经济林、能源林类资产，由林业资源管理主体或专业调查机构编制，不低于“二类”资源调查A级标准误差级别的小班因子一览表，至少包括资产位置（林场/乡镇）、林班号、小班号、四权情况（林地所有权、林地使用权、林木所有权、林木使用权）、面积、起源、林种、林龄、林组（产期）、株数、树高、胸径、蓄积量等相关林况因子；

（3）对于苗圃、四旁散生树，需提供分品种、规格（树高、冠幅、地径/米径/胸径、）的数量清单；

（4）对于绿化工程类资产，需提供施工合同、工程预决算报告、验收报告等资料；

（5）相关图件资料：对于用材林、经济林、能源林类资产，需提供小班因子一览表对应林业基本图（比例尺不小于1∶25000，含林相图区划信息（林班、小班区划）、等高线、公里网、行政区划等信息）；对于绿化工程，需提供相关施工及验收图件。

2.一般资料

近两年售卖类似林木、苗木、经济林资产的销售合同。

（五）注意事项

评估人员需要对资产进行现场调查，相关当事人应当给予配合。现场调查应保留必要的文字、语音、照片、影像等资料，以书面形式记录调查的时间、地点、过程、结果等，参与调查的相关当事人应当共同确认。

参考文献

图书

[1]常林:《司法鉴定专家辅助人制度研究》，中国政法大学出版社2012年版。

[2]陈瑞华:《程序正义理论》，中国法制出版社2010年版。

[3]房保国主编:《科学证据研究》，中国政法大学出版社2012年版。

[4]何家弘主编:《新编证据法学》，法律出版社2000年版。

[5]胡锡庆主编:《诉讼证明学》，中国法制出版社2002年版。

[6]宋英辉、汤维建主编:《证据法学研究述评》，中国人民公安大学出版社2006年版。

[7]张建伟:《证据法要义》，北京大学出版社2009年版。

[8]王保捷、侯一平主编:《法医学》，人民卫生出版社2013年版。

[9]王桂玥:《证据法视野下的法庭科学实验室管理》，经济管理出版社2020年版。

[10]王敏远、郭华:《司法鉴定与司法公正研究》，知识产权出版社2009年版。

[11]王胜明主编:《中华人民共和国民事诉讼法释义》，法律出版社2012年版。

[12]王曦:《美国环境法概论》，武汉大学出版社1992年版。

[13]奚晓明主编:《〈中华人民共和国侵权责任法〉条文理解与适用》，人民法院出版社2010年版。

[14]张宝:《环境规制的法律构造》，北京大学出版社2018年版。

[15]张军主编:《中国司法鉴定制度改革与完善研究》，中国政法大学出版社2008年版。

[16]周荣编著:《证据法要论》，中国政法大学出版社2012年版。

[17]最高人民法院环境资源审判庭编:《环境资源审判指导　2017年第1辑(总第4辑)》，人民法院出版社2018年版。

[18]最高人民法院民事审判第一庭编著:《最高人民法院新民事诉讼证据规定理解与适用》(上)，人民法院出版社2020年版。

[19]最高人民法院民事审判第一庭编著:《最高人民法院新民事诉讼证据规定理解与适用》(下)，人民法院出版社2020年版。

[20][美]B.L.墨菲、[美]R.D.莫里森：《环境损害司法鉴定导论》，马栋、邓泓、杨旭主译，科学出版社2021年版。

[21][美]Douglas H.Ubelaker：《全球司法鉴定实践》，何晓丹、李成涛主译，北京科学出版社2019年版。

[22][美]E.博登海默：《法理学：法律哲学与法律方法》，邓正来译，中国政法大学出版社2004年版。

[23][美]理查德·拉撒路斯、奥利弗·哈克：《环境法故事》，曹明德等译，中国人民大学出版社2013年版。

[24]理查德·A.波斯纳：《证据法的经济分析》，徐昕、徐昀译，中国法制出版社2004年版。

[25]Brian L. Murphy，Robert D. Morrison，*Introduction to Environmental Forensics*，Boulevard：Academic Press，2015.

[26] Frederick R. Anderson，Daniel R. Mandelker，A. Dan Tarlock，*Environmental Protection：Law and Policy*，Boston：Little，Brown and Company，1984.

期刊论文

[27]《2021年度全国司法鉴定工作统计分析报告》，《中国司法鉴定》2023年第1期。

[28]《违反野生动物保护法规案件典型案例评析——林业和草原行政案件典型案例评析系列之七》，《山西林业》2023年第1期。

[29]艾明、庄嘉伟：《专门性问题报告的证据法问题研究》，《证据科学》2023年第3期。

[30]蔡颖慧：《对抗制危机中的专家证人制度》，《河北法学》2014年第9期。

[31]陈邦达：《科学证据质证程序研究——基于中美两国的比较》，《现代法学》2017年第4期。

[32]陈君武：《司法鉴定机构诚信等级制度研究——基于司法鉴定行业实践分析》，《中国司法鉴定》2023年第2期。

[33]陈如超：《鉴定纠纷及其解决机制——基于民事司法鉴定的实践逻辑》，《证据科学》2017年第2期。

[34]陈瑞华：《非法证据排除规则的理论解读》，《证据科学》2010年第5期。

[35]陈瑞华：《鉴定意见的审查判断问题》，《中国司法鉴定》2011年第5期。

[36]陈瑞华：《论司法鉴定人的出庭作证》，《中国司法鉴定》2005年第4期。

[37]池苏珍：《刑事诉讼中鉴定人出庭作证问题研究》，《法制博览》2021年第30期。

[38]丛斌：《破解环境污染人身损害赔偿难：重在完善司法鉴定制度》，《中国人大》2017年第11期。

[39]戴中华、薛琦、蒋鹏等:《论我国环境污染损害鉴定评估推进的困境与发展建议》,《广东化工》2014 年第 10 期。

[40]党凌云、张效礼:《2017 年度全国司法鉴定情况统计分析》,《中国司法鉴定》2018 年第 3 期。

[41]邓可祝:《澳大利亚环境法院专家证人制度研究——以新南威尔士州土地与环境法院为例》,《上海政法学院学报(法治论丛)》2012 年第 3 期。

[42]邓小云:《环境污染案件审理中的问题与对策》,《河南社会科学》2013 年第 7 期。

[43]邓晓霞:《论英美法系专家证人制度的基础与缺陷——兼论我国引入专家证人制度的障碍》,《中国刑事法杂志》2009 年第 11 期。

[44]窦文烈、赵红艳:《环境污染犯罪中因果关系问题研究》,《新乡学院学报》(社会科学版)2010 年第 1 期。

[45]高毅、李冬、王志皓等:《多元化路径下司法鉴定公信力问题解析》,《辽宁警察学院学报》2023 年第 3 期。

[46]郭华:《对抗抑或证据:专家辅助人功能的重新审视——兼论最高法院审理"奇虎 360 诉腾讯"案》,《证据科学》2016 年第 2 期。

[47]郭华:《鉴定人与专家证人制度的冲突及其解决——评最高院有关专家证人的相关答复》,《法学》2010 年第 5 期。

[48]洪慧、张强、裴云霞等:《生态环境损害鉴定证据采集与认定研究》,《环境污染与防治》2023 年第 5 期。

[49]侯安山:《环境损害司法鉴定研究和应用》,《中国法医学杂志》2015 年第 6 期。

[50]胡甲庆:《美国专家证据可采性标准在反垄断司法中的适用及其启示》,《中外法学》2011 年第 3 期。

[51]胡震远:《我国专家证人制度的建构》,《法学》2007 年第 8 期。

[52]黄敏:《建立我国刑事司法鉴定"专家辅助人制度"》,《政治与法律》2004 年第 1 期。

[53]霍宪丹:《论司法鉴定体制改革的实践与探索》,《中国司法鉴定》2007 年第 1 期。

[54]贾永健、谢鲜:《黄河流域环境犯罪案件鉴定意见的审查与认定——以 20 份裁判文书为分析样本》,《河南警察学院学报》2023 年第 4 期。

[55]姜红、赵莎莎:《环境损害鉴定评估制度的司法困境及破解路径——以 10 件环境民事公益诉讼案为例》,《贵州大学学报》(社会科学版)2017 年第 4 期。

[56]李昌超、詹亮:《环境保护司法中"专家专用"模式之证成》,《学习论坛》2018 年第 2 期。

[57]李德惠:《诉讼程序中专家辅助人制度探析》,《中共山西省委党校学报》2023年第2期。

[58]李兴林、万婕:《专家证人出庭问题探析》,《学术论坛》2014年第3期。

[59]李学军、贺娇:《鉴定意见可靠性审查的实务问题及应对研究——以文书形成时间鉴定技术方法切入》,《法律适用》2023年第7期。

[60]刘超、林亚真:《环境侵权诉讼中损害认定的困境与争议》,《湖北行政学院学报》2010年第2期。

[61]刘静坤、邹明理:《新科学证据带来的挑战——评估专家证言的司法责任》,《中国刑事法杂志》2005年第1期。

[62]卢建军:《司法鉴定结论使用中存在问题及解决途径——兼论我国诉讼专家辅助人制度的建构和完善》,《证据科学》2010年第6期。

[63]陆井伟、李珊:《澳大利亚医学专家证人对我国专家辅助人制度的启示》,《中国医院管理》2020年第12期。

[64]罗筱琦、陈界融:《行为证人、职务证据及专家证人辨析》,《社会科学研究》2006年第4期。

[65]罗宇昂:《我国环境损害司法鉴定的演进逻辑及优化路径》,《河北环境工程学院学报》2023年第2期。

[66]吕忠梅:《监管环境监管者:立法缺失及制度构建》,《法商研究》2009年第5期。

[67]马杰:《论我国民事诉讼中专家辅助人制度的不足与完善》,《法制与社会》2017年第6期。

[68]庞继贤:《语言学在法律中的应用:司法语言学》,《外国语》1996年第5期。

[69]裴小梅:《论专家辅助人的性格——中立性抑或倾向性?》,《山东社会科学》2008年第4期。

[70]裴兆斌:《中立与制衡:中国双层鉴定制度的浅析》,《法律适用》2014年第6期。

[71]秦长胜、赵培显:《科学证据审查的困境与出路》,《中国检察官》2018年第3期。

[72]邵劭:《论专家证人制度的构建——以专家证人制度与鉴定制度的交叉共存为视角》,《法商研究》2011年第4期。

[73]沈竞舟、侬俊杉:《公益诉讼中主体资格和证据规则的确定》,《人民司法》2013年第24期。

[74]沈敏、杜志淳:《论司法鉴定机构质量管理体系的建立和运行》,《中国司法鉴定》2004年第4期。

[75]宋永会、袁鹏:《建立污染损害鉴定与恢复赔偿机制保障公众和国家环境权益》,《环境经济》2012年第6期。

[76]苏小聪:《专家陪审制度的职权配置与程序设计》,《东南司法评论》2011年第

1 期。

[77]孙飞:《论环境污染司法鉴定机构的设置》,《中国司法鉴定》2008 年第 3 期。

[78]唐小晴、张天柱:《环境损害赔偿之关键前提:因果关系判定》,《中国人口资源与环境》2012 年第 8 期。

[79]王彪:《非法证据对法官心证的影响与消除》,《证据科学》2015 年第 4 期。

[80]王浩云:《鉴定人出庭作证制度的解构与完善——以〈民事诉讼法〉第 78 条为基点展开》,《法学杂志》2015 年第 12 期。

[81]王俊民、沈亮:《诉讼辅助人意见与鉴定结论证据属性比较研究》,《中国司法鉴定》2006 年第 6 期。

[82]王旭光:《环境损害司法鉴定中的问题与司法对策》,《中国司法鉴定》2016 年第 1 期。

[83]王亚新:《民事诉讼中质证的几个问题》,《法律适用》2004 年第 3 期。

[84]王元凤、王旭、王灿发等:《我国环境损害司法鉴定的现状与展望》,《中国司法鉴定》2017 年第 4 期。

[85]魏常宝、马龙、郑建军等:《制定检测鉴定报告编制深度规定的思考》,《工程质量》2023 年第 2 期。

[86]夏蔚:《专家证人辨析》,《政法学刊》2006 年第 6 期。

[87]谢伟:《我国环境诉讼的专家证人制度构建》,《政治与法律》2016 年第 10 期。

[88]谢远东:《美国的证人酬金问题》,《法学杂志》1998 年第 2 期。

[89]徐继军、谢文哲:《英美法系专家证人制度弊端评析》,《北京科技大学学报》(社会科学版)2004 年第 3 期。

[90]杨洁:《生态环境损害赔偿制度改革实施研究——以山东省为例》,《北方环境》2020 年第 1 期。

[91]杨舒:《行政执法中当事人陈述转化为刑事证据的条件和程序》,《中国检察官》2023 年第 2 期。

[92]杨天阳:《证人出庭作证困难的原因及对策之探析》,《中文科技期刊数据库(全文版)·社会科学》2023 年第 2 期。

[93]杨艺红:《专家证人:异域中的路径选择》,《河南大学学报》(社会科学版)2007 年第 3 期。

[94]余诤、王庆刚:《鉴定人出庭制度的实务研究——以庭审实质化为视角的分析》,《法律适用》2017 年第 21 期。

[95]张保生、董帅:《中国刑事专家辅助人向专家证人的角色转变》,《法学研究》2020 年第 3 期。

[96]张斌:《两大法系科学证据采信结构评析——从事实认知的角度》,《环球法律评

论》2011 年第 2 期。

[97]张斌:《论科学证据、专家证言、鉴定意见三者的关系》,《证据科学》2012 年第 1 期。

[98]张红振、曹东、於方等:《环境损害评估:国际制度及对中国的启示》,《环境科学》2013 年第 5 期。

[99]张慧:《设置鉴定人出庭前置程序的必要性与构想——以新〈民事诉讼证据规定〉的修改为视角》,《黑龙江人力资源和社会保障》2021 年第 7 期。

[100]甄贞:《刑事证人出庭作证程序设计与论证》,《法学家》2000 年第 2 期。

[101]周一颜:《专家证据司法控制的路径选择——以香港民事专家证据制度的改革为中心》,《大连理工大学学报》(社会科学版)2013 年第 4 期。

[102]朱晋峰、沈敏:《司法鉴定标准化法制机制建设研究》,《中国司法鉴定》2018 年第 1 期。

[103]朱晋峰:《鉴定人书面作证制度研究》,《中国司法鉴定》2022 年第 3 期。

[104]朱晋峰:《专家辅助人制度司法实践新问题》,《福建警察学院学报》2015 年第 5 期。

[105]左宁:《我国刑事专家辅助人制度基本问题论略》,《法学杂志》2012 年第 12 期。

[106]Allan F. Burns, "The Work of Expert Testimony: Central Americans, Human Rights Defenders, and Immigration Courts, "*Maya America: Introduction to the Journal of Essays, Commentary, and Analysis*, vol.2, no.1(April 2020).

[107]Daria Zatonova, "Property Liability of Expert Witnesses (articulation of the Problem), "*ПРАВО И ПОЛИТИКА*, 2020, DOI:10.7256/2454-0706.2020.4.32512.

[108]Edward Lee, Andrew Moshirnia, "Do Experts Matter? A Study of the Effect of Musicologist Testimony in Music Cases, "*Social Science Electronic Publishing*, 2021, DOI: 10.2139/ssrn.3817583.

[109]J. Cox , "Use of Resource Equivalency Methods in Environmental Damage Assessment in the EU with Respect to the Habitat, Wild Birds and Eia Directives, " *Resource Equivalency Methods for Assessing Environmental Damage in the EU*, 2007.

[110]J. Martin-Ortega, R. Brouwer, H. Aiking, "Application of A Value-based Equivalency Method to Assess Environmental Damage Compensation under the European Environmental Liability Directive, "*Journal of Environmental Management*, vol. 92, no. 6 (2011).

[111]Jennifer T. Perillo, et al., "Testing The Waters: An Investigation of The Impact of Hot Tubbing on Experts from Referral Through Testimony, "*Law and*

Human Behavior, 2021, DOI:10.31234/osf.io/r2qwf.

[112] Laura McCabe, Richard L. Frierson, "Lack of Adequate Mental Health Treatment for Prisoners Constitutes Cruel and Unusual Punishment," *Journal of the American Academy of Psychiatry and the Law*, 2021, DOI: 10. 29158/JAAPL. 210040-21.

[113]Luh Putu Kristyanti, "Saksi Ahli Sebagai Alat Bukti Dalam Hukum Acara Pidana Indonesia," *Kertha Semaya: Journal Ilmu Hukum*, vol. 8, no. 9(September 2020).

[114]Mikkel Jon Henningsen, et al., "3D Printed Skulls in Court—A Benefit to Stakeholders?" *International Journal of Legal Medicine*, 2023, DOI:10.1007/s00414-023-03054-6.

[115] Susana Fehr Lampley, Kehinde A. Obikoya, "Outpatient Conditions of Release Following NGRI Acquittal," *Journal of the American Academy of Psychiatry and the Law*, 2021, DOI:10.29158/jaapl.210082-21.

学位论文

[116]李洪灯:《环境侵权司法鉴定问题研究》,复旦大学硕士学位论文,2014 年。

[117]司开玲:《知识与权力:农民环境抗争的人类学研究》,南京大学博士学位论文,2011 年。